코드 너머의 언어

대규모 언어 모델과
프롬프트 엔지니어링

코드 너머의 언어
대규모 언어 모델과 프롬프트 엔지니어링

펴 낸 날   2024년 03월 29일

지 은 이   김유신, 김기태
기 획 자   이자영
펴 낸 이   이기성
기획편집   서해주, 윤가영, 이지희
표지디자인 서해주
책임마케팅 강보현, 김성욱
펴 낸 곳   도서출판 생각나눔
출판등록   제 2018-000288호
주   소   경기도 고양시 덕양구 청초로 66, 덕은리버워크 B동 1708호, 1709호
전   화   02-325-5100
팩   스   02-325-5101
홈페이지   www.생각나눔.kr
이 메 일   bookmain@think-book.com

• 책값은 표지 뒷면에 표기되어 있습니다.
  ISBN 979-11-7048-679-4 (03000)

코드 너머의 언어

대규모 언어 모델과
프롬프트 엔지니어링

The language beyond code:
Large Language Model & Prompt Engineering

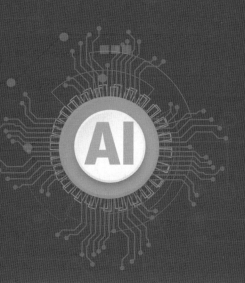

김유신, 김기태 지음

혁신적인 LLM 기술과 프롬프트 엔지니어링 노하우!

LLM의 내부 구조와 작동 원리에 대한 깊이 있는 이해
효과적인 AI 소통과 제어를 위한 프롬프트 활용법
LLM과 효과적으로 소통하고 통제하는 방법

생각나눔

CONTENTS

Chapter 1 ChatGPT & LLM – 대규모 언어 모델로 만드는 미래

Chapter 2. Smart Prompt Design– AI와 상호작용하는 새로운 방법

Chapter 1

ChatGPT & LLM

– 대규모 언어 모델로 만드는 미래

PART 1

LLM이란 무엇인가?

현재 세계적으로 활발히 활용되는 LLM은 Large Language Models의 약자이며, 자연어 처리(NLP, Natural Language Processing) 분야에서 사용되는 인공신경망 기반의 언어 모델입니다. LLM 모델은 다양한 자연어 처리(NLP: Natural Language Processing) 작업을 수행할 수 있는 딥 러닝 알고리즘이며, 트랜스포머 모델을 사용하여 대규모 데이터 세트를 이용해 훈련되었습니다.

이러한 모델들은 광범위한 텍스트 데이터를 학습하여 사람이 쓰는 단어와 문장, 문단을 생성(추론)하고 이해하는 능력을 가지고 있습니다. 이를 통해 텍스트나 기타 콘텐츠를 인식, 번역, 예측 또는 생성할 수 있습니다.

LLM 모델은 신경망(NN: Neural network)이라고도 하는데, 이것은 인간의 두뇌에서 영감을 받은 컴퓨팅 시스템입니다. 이러한 신경망은 뉴런과 마찬가지로 계층화된 노드 네트워크를 사용합니다.

인공지능(AI) 애플리케이션에 인간의 언어를 가르치는 것 외에도, LLM 모델은 이미지 생성, 소프트웨어 코드 작성 등과 같은 다양한 작업을 수행하도록 훈련되고 있습니다. 인간의 뇌처럼, LLM 모델은 텍스트 분류, 질문 답변, 문서 요약 및 텍스트 생성 문제를 해결할 수 있도록 사전 훈련된 다음 미세 조정(Fine-tuning)되어야 합니다. LLM 모델의 문제 해결 역량은 번역, 챗봇, AI 도우미 등과 같이 LLM 모델을 이용해 다양한 NLP 애플리케이션 서비스를 제공하는 의료, 금융, 엔터테인먼트 분야에 적용될 수 있습니다.

1.1 트랜스포머 모델이란?

트랜스포머 모델은 대형 언어 모델(Large Language Models, LLM)의 주요 아키텍처로, 인코더와 디코더 구조를 사용합니다. 이 모델은 데이터를 토큰으로 분할하고, 이들 토큰 사이의 연관성을 찾기 위해 병렬로 수학적 계산을 실행하여 처리합니다. 결과적으로, 컴퓨터는 주어진 쿼리에 대해 인간의 반응 패턴을 예측할 수 있습니다.

트랜스포머 모델은 셀프 어텐션(self-attention) 메커니즘과 함께 작동하는데, 모델은 이 메커니즘을 통해 장단기 기억 모델(long short-term memory models)과 같은 전통적인 모델보다 더 빨리 학습할 수 있게 됩니다. 셀프 어텐션은 트랜스포머 모델이 시퀀스의 다른 부분 또는 문장의 전체 맥락을 고려하여 예측을 생성할 수 있도록 합니다.

1.2 LLM 구조와 작동 원리 및 주요 구성 요소

LLM은 수백만 개에서 수십억(Billion) 개에 이르는 매개변수를 포함하는 심층 학습 모델입니다. 텍스트를 입력받아서 다음에 올 단어나 문장을 예측(inference)하는 것이 일반적인 LLM의 작동 방식입니다. 이런 방식은 '프롬프트'라는 이용자의 질문이나 명령에 응답하는 형태입니다. 이로 인해 현재 '프롬프트'의 중요성이 대두되었으며, 또한 '프롬프트 엔지니어링'이 각광 받고 있습니다.

LLM은 각 단어나 문구를 벡터로 변환하고, 이 벡터들을 통해 문장의 의미를 파악하며, 그다음에 올 적절한 단어나 문구를 예측합니다. 이 과정에서는 주어진 문맥을 이해하고, 더 넓은 의미에서 문장의 결합과 연관성을 판단하는 역할을 합니다.

LLM 모델은 다양한 신경망 레이어를 포함하여 구성됩니다. 이들 중 순환 레이어, 피드포워드 레이어, 임베딩 레이어, 그리고 어텐션 레이어가 함께 작동하여 입력된 텍스트를 분석하고, 적절한 출력 콘텐츠를 생성합니다. 임베딩 레이어는 모델에 들어오는 텍스트로부터 고차원의 임베딩 벡터를 생성하여, 모델이 단어나 문장의 의미론적 및 구문론적 맥락을 이해하는 데 필수적입니다.

LLM 모델의 피드포워드 레이어(feedforward layer, FFN)는 입력 임베딩을 변환하는 여러 개의 완전히 연결된 레이어로 구성됩니다. 이를 통해 모델은 더 높은 수준의 추상화를 수집할 수 있습니다. 다시 말해, 텍스트 입력을 통해 사용자의 의도를 이해할 수 있습니다.

순환 레이어(recurrent layer)는 입력 텍스트의 단어를 순서대로 해석하며, 문장 내 단어 간의 관계를 포착합니다.

어텐션 메커니즘(attention mechanism)을 사용하면 언어 모델이 현재 작업과 관련된 입력 텍스트의 단일 부분에 집중할 수 있습니다. 이 레이어는 모델이 가장 정확한 출력을 생성할 수 있도록 합니다.

LLM 모델에는 크게 세 가지 종류가 있습니다.

- 일반 또는 원시 언어 모델(Generic or raw language model)은 학습 데이터의 언어를 기반으로 다음 단어를 예측합니다. 이러한 언어 모델은 정보 검색 작업을 수행합니다.

- 지시 학습 언어 모델(Instruction-tuned language model)은 입력에 제공된 지시에 대한 응답을 예측하도록 훈련되며, 이를 통해 정서 분석을 수행하거나 텍스트 또는 코드를 생성할 수 있습니다.

- 대화 조정 언어 모델(Dialog-tuned language model)은 다음 응답을 예측하여 대화가 가능하도록 훈련됩니다.

1.3 LLM 모델 학습 과정

LLM은 '비지도학습' 방식으로 훈련됩니다. 이 방식은 표시된 (labelled) 데이터 세트가 필요하지 않으며, 대부분의 경우 인터넷에서 수집한 대량의 텍스트 데이터를 활용합니다. 모델은 이 데이터를 통해 단어와 문구의 패턴을 학습하고, 문법적인 구조, 축약형, 관용구 등 다양한 언어적 요소를 이해하게 됩니다. 이렇게 훈련된 모델은 사람이 사용하는 자연어를 보다 정확하게 생성하고 이해하는 능력을 가지게 됩니다.

비지도 학습(Unsupervised Learning)이란 기계 학습의 한 종류로, 레이블이 없는 데이터를 사용하여 모델을 훈련하는 방식을 말합니다. 이 방법은 입력 데이터만을 사용하여 그 구조나 패턴을 찾아냅니다.

비지도 학습 알고리즘은 지도 학습보다 결과의 해석이 어렵고 모델의 성능을 정량적으로 평가하는 것이 어렵습니다.

GPU(Nvidia사)의 품귀 현상과 LLM의 상관관계

딥러닝 모델, 특히 대형 언어 모델들은 훈련 과정에서 많은 계산 리소스를 필요로 합니다. 이 모델들은 수억 개의 파라미터를 가지고 있으며, 그것들을 최적화하려면 대규모 데이터셋에 대해 여러 번 반복 학습을 해야 합니다. 이런 연산 과정은 CPU보다 병렬 처리에 유리한 GPU를 통해 효율적으로 이루어질 수 있습니다.

GPU는 미분 연산 및 행렬 곱셈과 같은 계산 집약적인 작업을 빠르게 처리할 수 있기 때문에, 딥러닝 모델 훈련에 매우 중요합니다. 따라서 OpenAI와 같은 연구 기관이나 회사들은 한 번에 수많은 언어 모델을 훈련하기 위해 대량의 GPU 구매가 필요합니다.

결국, 전 세계적으로 GPU의 수요가 증가하게 되어, 공급이 수요를 따라가지 못하는 품귀 현상을 일으키고 있습니다. 이런 상황은 GPU 제조사들이 생산 능력을 증가시키거나 새로운 공급원을 찾아내는 것으로 완화될 수 있지만, 그런 조치가 이루어질 때까지는 GPU의 가격이 계속해서 상승하는 추세를 보이게 됩니다.

*LLM에서 자주 사용하는 용어

아래는 LLM을 다루는 문서 및 논문에서 자주 사용하는 단어의 정의입니다. 미리 알아 두면 LLM에 대한 이해도를 높일 수 있습니다.

- 단어 임베딩: 단어들을 고차원 벡터로 표현하여 각 단어 간의 유사성과 관계를 캡처하는 기술
- 주의 메커니즘: 입력 시퀀스의 다양한 부분에 가중치를 부여하여 모델이 중요한 정보에게 집중할 수 있도록 하는 기술

- Transformer: 주의 메커니즘을 기반으로 한 인코더와 디코더 구조의 신경망 모델로, 길이가 다른 시퀀스를 처리하는 데 탁월한 성능

- Fine-tuning LLMs: 사전 학습된 LLM 모델을 특정 작업에 적용하기 위해 추가 학습하는 과정

- Prompt engineering: 모델에 입력하는 질문이나 명령을 구조화하여 모델의 성능을 향상시키는 과정

- Bias(편향): 모델이 학습 데이터의 불균형이나 잘못된 패턴을 포착하여 실제 세계의 현실과 일치하지 않는 결과를 내놓는 경향

- 해석 가능성: LLM이 가진 복잡성을 극복하고 AI 시스템의 결과와 결정을 이해하고 설명할 수 있는 능력

1.4 LLM 모델의 이점 및 활용 분야

LLM 모델은 사용자가 이해하기 쉽게 명확하고 대화 방식으로 정보를 제공하기 때문에 다양한 응용 분야에서 문제 해결에 매우 유용합니다. LLM 모델은 언어 번역, 문장 완성, 정서 분석, 질문 답변, 수학 방정식 등에 사용할 수 있어 응용의 폭

이 매우 넓습니다.

LLM 모델은 더 많은 데이터와 매개변수가 추가될수록 성장하고 성능은 지속적으로 향상됩니다. 즉, 더 많이 학습할수록 성능이 향상된다는 것을 의미합니다. 더욱이, LLM 모델은 '인컨텍스트 러닝(in-context learning)'이 가능합니다. LLM이 사전 훈련되면, 퓨샷 프롬프트를 통해 추가 매개변수 없이 모델이 프롬프트에서 학습할 수 있습니다. 이러한 방식으로, LLM 모델은 지속적으로 학습할 수 있게 됩니다. (재학습)

LLM은 광범위한 범위의 애플리케이션에서 활용되고 있습니다. 이것은 단순한 질문 응답 시스템에서부터, 문장 생성, 감정 분석, 요약, 번역 등 다양한 자연어 처리 작업에서 사용됩니다. 또한, 대화형 AI 시스템, 지식 데이터베이스의 생성 및 유지보수, 그리고 텍스트 기반의 게임 개발 등에도 활용되고 있습니다.

이렇게 LLM은 다양한 분야에서 활용되며 활용 사례가 지속적으로 확장되고 있습니다. 이런 모델들은 수많은 텍스트 데이터를 학습함으로써 자연스러운 인간 언어를 생성하거나 이해할 수 있는 능력을 가지게 됩니다.

LLM의 활용 분야

- 자연어 처리: 텍스트 생성, 기계 번역, 감성 분석 등의 작업을 수행합니다.

- 챗봇 및 가상 도우미: 사용자 질문에 대해 자연스러운 대화식 응답을 생성합니다.

- 콘텐츠 작성 및 수정: 다양한 유형의 글쓰기 작업에서 창의적인 텍스트를 만들어냅니다.

- 교육: 교육 자료 작성 및 학생 질문에 답변하는 데 사용됩니다.

- 읽기와 이해 지원: 긴 문서를 요약하거나 이해하기 쉬운 형태로 변환합니다.

- 코드 생성 및 검사: 프로그래밍 코드 작성 및 오류 탐지에 활용됩니다.

- 멀티모달 입력 처리: 이미지, 음성 등 다양한 형태의 데이터를 분석하고 해석합니다.

위의 활용 사례와 같이 LLM 모델은 의료, 법률, 금융 서비스 등 다양한 분야에서 적용될 수 있으며, 검색엔진 최적화, 고객 서비스 개선, 마케팅 전략 수립, 그리고 기술 지원 등에서 광범위하게 활용되고 있습니다.

PART 2

생성형 AI에 대해 알아보자

생성형 인공지능(Generative AI)은 기계 학습(Machine Learning)의 한 분야로써, 실제 데이터 패턴을 학습하고 이를 바탕으로 새로운 데이터를 생성하는 모델입니다. 즉, 알려진 데이터로부터 새로운 내용을 '창조'하는 데 초점이 맞추어져 있습니다.

가장 일반적인 생성형 AI의 예로는 생성적 적대 신경망(GANs, Generative Adversarial Networks)이 있습니다. GANs는 두 개의 서로 다른 네트워크, 즉 '생성자'와 '판별자'로 구성됩니다. 생성자는 진짜 같은 가짜 데이터를 만들어내며, 판별자는 이렇게 생성된 데이터가 진짜인지 가짜인지를 판별합니다. 이 과정을 통해 생성자는 판별자를 속이도록 점점 더 발전하게 되고, 판별자는 생성자가 만들어낸 데이터를 더 잘 감별하려고 하게 됩니다.

결과적으로, 이 경쟁 관계는 생성자가 실제와 거의 구별할 수 없는 데이터를 생성할 수 있는 수준으로 발전하게 합니다.

생성형 AI는 음악, 그림, 사진, 비디오 등과 같은 창작물을 생성하거나, 텍스트를 작성하는 데 사용될 수 있습니다.

2.1 LLM과 생성형 AI의 관계

LLM은 생성형 AI의 한 형태입니다. LLM은 인터넷에서 수십억 개의 웹 페이지 및 문서를 학습함으로써 사람들이 일상적으로 사용하는 언어의 패턴을 이해합니다. 이러한 학습을 통해, LLM은 사용자의 입력에 대해 응답을 생성하거나, 개성 있는 글을 작성하거나, 복잡한 질문에 대답하거나, 코드를 작성하는 등의 작업을 수행할 수 있게 됩니다.

LLM의 핵심 목표는 사용자들이 제공하는 프롬프트에 대해 유익하고 의미 있는 출력을 생성하는 것입니다. 그러나 LLM은 단순히 학습한 패턴을 반복하기 때문에, 이를 통해 새로운 지식이나 창조적인 아이디어가 발생하는 것은 아닙니다. 블룸(BLOOM) 모델과 같은 LLM들은 텍스트 데이터의 광범위한 패턴을 학습함으로써 인간과 유사한 언어를 '창조'합니다. 이런 점에서 블룸과 같은

LLM은 생성형 AI의 한 형태라고 볼 수 있습니다. 생성형 AI의 일반적인 목표인 '새로운 데이터의 생성'이 LLM에서도 적용되지만, 이때 LLM의 생성 능력은 주로 자연어 텍스트에 관련되며, 이런 텍스트는 사람이 읽고 이해할 수 있는 방식으로 구성됩니다.

2.2 LLM 모델의 한계와 과제

LLM 모델은 인간의 자연어를 이해하고 정확하게 반응할 수 있습니다. 그러나 여전히 기술적인 도구이기 때문에 LLM 모델은 특정 한계를 가지게 됩니다. 환각(Hallucinations)이란 모델이 허구적이거나 사실과 다른 정보를 생성하여 그것을 진실인 것처럼 제시하는 현상입니다. 이는 데이터의 부정확성, 편향, 오버피팅, 또는 문맥 이해의 실패 등 다양한 원인에 의해 발생할 수 있습니다.

LLM 환각의 예시

- 사실적 오류: 모델이 '닐 암스트롱이 1959년에 달에 착륙했다.'라고 주장하는 경우, 이는 사실과 다릅니다. 실제로 달 착륙은 1969년에 일어났으며, 이러한 사실적 오류는 LLM의 환각으로 볼 수 있습니다.

- 데이터 편향 반영: 특정 국가나 개인에 대한 부정확하고 부정적인 내용을 반복하는 경우, 이는 학습 데이터에 존재하는 편향이 LLM에 학습되어 환각으로 나타난 것입니다.

- 상식적 오류: LLM이 '북극곰들이 남극에서 펭귄과 함께 생활한다.'라고 언급할 때, 이는 상식적으로 틀린 정보입니다. 북극곰은 북극 지역에, 펭귄은 주로 남극 지역에 살기 때문입니다. 이는 LLM이 일반적인 지식을 잘못 해석한 환각의 예입니다.

- 응답의 불일치: 사용자가 '2+2는 얼마인가요?'라고 물었을 때, LLM이 '5'라고 답변하면, 이는 명백한 수학적 오류를 나타내는 환각입니다.

- 창작 콘텐츠의 오류: 사용자가 역사적 인물에 대한 정보를 요청했는데, LLM이 완전히 허구의 이야기나 사건을 가미해서 설명하는 경우, 이는 역사적 사실에 대한 환각적 오류로 볼 수 있습니다.

LLM에서 발생하는 환각은 사용자에게 혼란을 줄 수 있으며, 때로는 잘못된 정보가 확산되는 결과를 초래할 수 있습니다.

LLM의 직면한 과제

- 보안: LLM 모델은 보안 관련 위험을 방지하기 위해 적절

하게 관리되거나 감시되어야 합니다. 이 모델은 사람들의 개인정보를 유출하고, 피싱 사기에 이용되거나, 스팸을 생성할 수 있습니다. 악의적인 의도를 가진 사용자가 AI 를 자신의 이데올로기나 편견에 맞게 다시 프로그래밍하여 잘못된 정보를 확산할 수도 있습니다.

- 편향: 언어 모델을 훈련하는 데 사용되는 데이터는 주어진 모델이 산출하는 결과에 영향을 미칩니다. 따라서 데이터가 단일 인구통계에 한정되거나 다양성이 부족한 경우 LLM 모델에서 생성된 출력도 다양성이 부족합니다.

- 동의: LLM 모델은 수조 개의 데이터 세트에 대해 훈련을 받는데, 그중 일부는 동의를 얻지 못한 데이터일 수도 있습니다. 인터넷에서 데이터를 스크래핑 할 때, LLM 모델은 저작권 라이선스를 무시하고, 작성된 내용을 표절하며, 원래 소유자나 아티스트의 허락 없이 독점 콘텐츠를 재사용하는 것으로 알려져 있습니다. 결과가 생성되면 데이터 계보를 추적할 방법이 없으며, 창작자에게 사용권이 부여되지 않는 경우가 많아 사용자가 저작권 침해 문제에 노출될 수 있습니다. 또한, 사진 설명에서 피사체나 사진작가의 이름과 같은 개인 데이터를 스크래핑 할 수 있으므로 프라이버시가 침해될 수 있습니다.

PART 3

OpenAI 이해하기

OpenAI는 인공지능(AI) 연구를 수행하는 비영리 기업으로, AI의 안전한 활용을 통해 모든 인류에게 이익이 가도록 하는 것을 목표로 하고 있습니다. OpenAI는 다음과 같은 가치와 원칙을 추구합니다.

- 확장 가능한 AI의 사회적 이익: 기술 발전에 따른 이익이 모든 사람에게 공정하게 배분되어야 함을 주장합니다.
- 장기적인 안전: AI의 발전이 인류에게 위협으로 작용하지 않도록, 안전하고 윤리적인 접근 방식을 채택합니다.
- 기술 리더십: OpenAI는 자신들이 만드는 AI 기술이 사회적 혁신을 이끌어 갈 수 있도록 지속적으로 기술의 선두를 유지하려고 노력합니다.

OpenAI는 GPT-3, GPT-3.5 Turbo, GPT-4, GPT-4 Turbo 등을 포함한 다양한 LLM 모델을 개발하고 있습니다.

3.1 OpenAI 탄생의 배경과 역사

OpenAI는 Elon Musk, Sam Altman, Greg Brockman 등의 창업자들에 의해 2015년에 설립되었으며, 이들은 인공지능(AI) 기술의 진보에 대한 우려와 함께 그 잠재적인 장기적 이점을 실현하고자 하는 목표를 가지고 비영리 단체로 출발하였습니다. 설립 이래로 OpenAI는 자연어 처리, 강화 학습, 생성 모델링과 같은 여러 연구 분야에서 기술 개발에 주력해 왔고, 특히 2018년에 발표된 GPT-2 모델은 자연어 처리 분야에서 상당한 관심을 불러일으켰습니다. 이후 GPT-3 및 ChatGPT 와 같은 후속 모델들이 출시되며 OpenAI의 명성과 영향력은 지속적으로 확대되었습니다.

3.2 OpenAI가 주목받는 이유

OpenAI가 주목받는 이유는 다양합니다. OpenAI는 자연어 처리, 이미지 인식, 강화 학습 등 여러 분야에 걸쳐 뛰어난 AI 기술을 개발하고 보유하고 있으며, 이 기술들은 광범위하게 활용될 잠재력을 지니고 있습니다. 또한, 이 조직은 인공지능의 장기적인 이점을 추구하는 데 중점을 두면서 AI 기술 발전과 그 사용을 적극적으로 촉진하는 역할을 하고 있습니다. 비영리 연구 조직으로 시작된 OpenAI는 상업적 이익에 구애받지 않고 AI 기술의 공정하고 폭넓은 발전을 도모할 수 있는 토대를 마련했습니다. 최근에는 Microsoft와 같은 대기업으로부터 막대한 투자를 받아 협력하며 상업적 영역으로도 확장하고 있어, 그 영향력이 더욱 커지고 있습니다.

3.3 현재 LLM 모델에 대한 상세 설명

최근 들어 광범위하게 활용되는 LLM 중 OpenAI의 GPT 시리즈는 LLM의 선두 주자 중 하나입니다.

이 장에서 이 모델들의 아키텍처와 학습 방법, 그리고 그들이 어떻게 인상적인 자연어 처리 성능을 달성하는지에 대해 설명하며, 이를 통해 LLM이 현재 AI 분야에서 어떠한 위치를 차지하고 있는지를 이해할 수 있습니다.

LLM은 문장이나 단락 속에서 맥락을 파악하고 이해하는 능력이 매우 중요한 응용 분야, 예를 들어 자연어 처리(Natural Language Processing)나 음성 인식(Voice Recognition)과 같은 분야에 매우 적합합니다. 이 분야는 긴 문장이나 대화의 전체적인 의미를 정확하게 파악해야 할 필요가 있기 때문입니다. 그뿐만 아니라, LLM은 이미 관찰하거나 학습한 데이터를 바탕으로 미래의 이벤트나 결과를 '추론(inference)'할 수 있는 능력도 갖추고 있습니다. 따라서 무언가를 예측하거나 미래의 트렌드를 분석하는 애플리케이션들, 즉 예측 분석(Predictive Analytics) 분야에서도 유용하게 사용되며 과거 데이터를 바탕으로 미래의 상황을 추측하거나 예측할 수 있는 인사이트(insight)를 제공합니다.

SLM(소규모 언어 모델)은 금융 거래나 필기 인식과 같이 데이터 포인트의 학습 시퀀스가 필요한 애플리케이션에 가장 적합합니다. SLM은 순차적 데이터 포인트에서 패턴을 감지할 수 있으므로 다른 모델보다 더 높은 정확도로 더 정확한 예측을 할 수 있습니다.

MLM(Masked Language Model)은 고차원 데이터 세트에서 복잡한 표현을 자동으로 학습하는 기능으로 인해 이미지 분류 및 객체 감지와 같은 작업에 가장 적합합니다. MLM은 여러 계층에 걸쳐 훈련될 수 있으므로 다른 모델과 비교하여 이미지 또는 비디오 프레임의 개체 간의 미묘한 차이를 더 잘 포착할 수 있습니다.

LLM(대형 언어 모델)과 SLM(소규모 언어 모델)은 모두 NLP(자연어 처리) 애플리케이션에 필수적입니다. GPT-3와 같은 LLM은 사전 훈련된 방대한 데이터를 보유하고 있으며 인간과 유사한 텍스트 및 음성을 생성할 수 있으므로 다양한 애플리케이션에 적합합니다. 그러나 LLM에는 상당한 계산 리소스가 필요하므로 모든 활용 사례에 실용적이지 않을 수 있습니다.

3.4 주요 LLM 모델과 역사

LLM은 1960년대에 간단한 챗봇 프로그램에서 시작되어 오늘날의 ChatGPT와 같은 대형 모델로 발전했습니다. 아래는 LLM의 역사 중 핵심적인 이벤트와 그에 대한 설명입니다.

- Eliza(Joseph Weizenbaum, 1960s): 패턴 인식을 사용하여 사용자의 입력을 질문으로 변환하고, 미리 정의된 규칙 집합을 기반으로 응답을 생성
- LSTM(1997): 더 깊고 복잡한 신경망의 생성을 통해 더 많은 양의 데이터를 처리
- CoreNLP(2010): 감정 분석 및 명명된 NTT 인식 등의 복잡한 NLP 작업이 가능한 도구 및 알고리즘 세트
- Google Brain(2011): NLP 시스템이 단어의 맥락을 더 잘 이해할 수 있도록 지원
- Transformer(2017): 더 크고 정교한 LLM 모델을 만들 수 있게 되었으며, AI 기반 애플리케이션의 기반이 된 GPT-3의 전신이 됨

최근에는 연구자와 개발자가 자신만의 LLM을 구축할 수 있도록 지원하는 사용자 친화적인 프레임워크와 도구가 개발되고 있습니다.

PART 4

최근 발표된 LLM 모델

최근 주목받는 LLM의 핵심 모델은 다음과 같습니다.

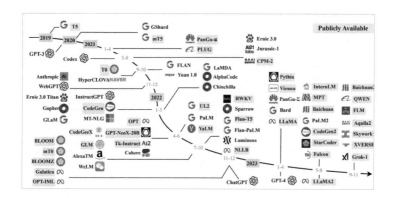

LLM 모델의 개발 도표

출처: https://arxiv.org/pdf/2303.18223.pdf

4.1 GPT 모델

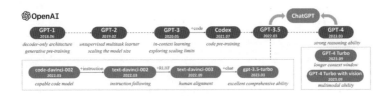

GPT 모델의 개발 도표

출처: https://arxiv.org/pdf/2303.18223.pdf

4.1.1 GPT-3.5

GPT-3보다 약간의 성능과 안정성을 개선했으며, 광범위한 학습 데이터를 활용해 언어 이해 및 생성 능력을 향상시켜 SOTA(State-of-the-art)[1]를 달성하였습니다.

GPT-3.5의 기본 구조는 transformer 모델의 변형으로, 맥락을 고려한 깊이 있는 텍스트 생성 능력을 보유하고 있습니다. Semantic text similarity, Named entity recognition, 그리고 Sentiment analysis와 같은 다양한 NLP 과제에 적응하는 능력은 여전히 유용하며, GPT 시리즈의 내구성과 효능

---

1 'SOTA'는 '현재 최고 수준의 결과'를 가진 모델이라는 의미이며, 현재 수준에서 가장 정확도가 높은 모델을 의미합니다.

을 입증합니다.

2022년 11월에는 GPT-3.5를 보강한 GPT-3.5 Turbo가 발표되었습니다.

4.1.2 GPT-4

GPT-4(Generative Pre-trained Transformer 4)는 기술 업계에서 큰 관심을 불러일으킨 고급 인공지능 언어 모델입니다. GPT-3보다 더 창의적이고 강력하다고 소개된 GPT-4는 2023년 3월 14일에 출시되었습니다.

GPT-4는 매개변수와 알고리즘을 사용하여 텍스트와 비주얼을 생성하는 것을 목표로 하는 인공지능 모델입니다. GPT-4는 인간과 유사한 결과물을 생성하도록 학습되었으며, 이를 위해 오랜 개발 기간을 거쳤습니다. GPT-4는 딥러닝을 사용하여 사람과 유사한 콘텐츠를 만드는 고급 인공지능 언어 모델입니다. 질문이나 프롬프트에 대한 자연어 응답 생성, 스토리 및 기사 작성, 텍스트 요약, 산술 계산 등에 사용할 수 있습니다.

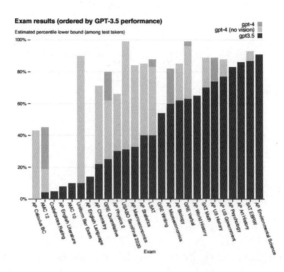

각각의 학업 및 전문 시험에 대해 GPT의 성능을 평가하기 위한 모의 실험
GPT-4의 상대적 성능 우위: 대부분의 시험에서 GPT-3.5보다 GPT-4가
더 우수한 성능을 보입니다.

출처: https://cdn.OpenAI.com/papers/gpt-4.pdf

GPT-4는 전문 및 학술 시험의 대부분에서 인간 수준의 성
능을 보여줍니다. 특히 수험생 상위 10%의 점수로 변호사 시
험 모의시험을 통과하였습니다. 시험에 대한 모델의 능력은 주
로 사전 교육 과정에서 비롯되며 테스트한 모든 시험에서 평균
적으로 우수한 성능을 발휘합니다.

기존의 많은 ML 벤치마크는 영어로 작성됩니다. 다른 언어
에서의 GPT-4 기능을 이해하기 위해, Azure Translate(번역
기)를 사용하여 다양한 언어로 번역한 후 57개 주제에 걸친 객

관식 문제 모음인 MMLU 벤치마크테스트를 진행하였습니다.

* 참조: Massive Multitask Language Understanding (MMLU)는 인공지능이 다양한 주제와 상황에서 언어를 이해하는 능력을 평가하기 위한 대규모 실험입니다. MMLU는 10,000개 이상의 다양한 학문 분야에서 가져온 약 57만 개의 질문을 포함하고 있습니다. 이 질문들은 역사, 문학, 과학, 예술 등 매우 다양한 주제를 다룹니다. AI는 이 질문들을 보고 올바른 답을 찾아내야 합니다. MMLU 연구의 목적은 인공지능이 실제로 사람처럼 다방면의 지식을 이해하고 처리할 수 있는지를 알아보는 것으로, AI의 언어 이해 능력이 어느 정도인지, 그리고 어떻게 개선할 수 있는지를 평가합니다.

| | GPT-4 | GPT-3.5 | LM SOTA | SOTA |
	Evaluated few-shot	Evaluated few-shot	Best external LM evaluated few-shot	Best external model (incl. benchmark-specific tuning)
MMLU [49]	**86.4%**	70.0%	70.7%	75.2%
Multiple-choice questions in 57 subjects (professional & academic)	5-shot	5-shot	5-shot U-PaLM [50]	5-shot Flan-PaLM [51]
HellaSwag [52]	**95.3%**	85.5%	84.2%	85.6
Commonsense reasoning around everyday events	10-shot	10-shot	LLaMA (validation set) [28]	ALUM [53]
AI2 Reasoning Challenge (ARC) [54]	**96.3%**	85.2%	85.2%	86.5%
Grade-school multiple choice science questions. Challenge-set.	25-shot	25-shot	8-shot PaLM [55]	ST-MOE [18]
WinoGrande [56]	**87.5%**	81.6%	85.1%	85.1%
Commonsense reasoning around pronoun resolution	5-shot	5-shot	5-shot PaLM [3]	5-shot PaLM [3]
HumanEval [43]	**67.0%**	48.1%	26.2%	65.8%
Python coding tasks	0-shot	0-shot	0-shot PaLM [3]	CodeT + GPT-3.5 [57]
DROP [58] (F1 score)	80.9	64.1	70.8	**88.4**
Reading comprehension & arithmetic.	3-shot	3-shot	1-shot PaLM [3]	QDGAT [59]
GSM-8K [60]	**92.0%** *	57.1%	58.8%	87.3%
Grade-school mathematics questions	5-shot chain-of-thought	5-shot	8-shot Minerva [61]	Chinchilla + SFT+ORM-RL, ORM reranking [62]

GPT-4의 학술적 벤치마크 성과. GPT-4를 최고 수준과 비교

출처: https://cdn.OpenAI.com/papers/gpt-4.pdf

SOTA(벤치마크별 교육 포함) 및 LM(Language Model)에 대한 최고의 SOTA는 few-shot을 평가하였습니다. GPT-4는 모든 벤치마크에서 기존 LM보다 성능이 뛰어나며 DROP를 제외한 모든 데이터 세트에서 벤치마크별 훈련으로 SOTA를 능가합니다. GSM-8K의 경우 GPT-4 사전 훈련 믹스에 훈련 세트의 일부를 포함했으며 평가 시 COT(Chain of Thought)를 사용합니다. 객관식 질문의 경우 모델에 모든 답변(ABCD)을 제시하고 사람이 이러한 문제를 해결하는 방법과 유사하게 답변 문자를 선택하도록 요청합니다.

GPT-4는 이전 모델에 비해 사용자 의도를 따를 수 있는 기능이 상당히 향상되었습니다. ChatGPT 및 OpenAI API에 제출된 5개의 214 프롬프트 데이터 세트, 응답 프롬프트의 70.2%에서 GPT-3.5에 의해 생성된 응답보다 GPT-4에 의해 생성된 응답이 선호되었습니다.

GPT-4의 한계

GPT-4 역시 완벽하지 않다는 점을 명심해야 합니다. AI의 대표적인 허점인 환각(Hallucination) 등 잠재적 위험에 대한 문제가 완전히 해결되지는 않았습니다. 이는 AI가 오류가 있는 데이터를 학습해 잘못된 답변을 사실처럼 제시하는 현상을 말합니다. 또한, 학습에 필요한 비용과 시간이 상당히 많이 들며, 사용 중 입력된 정보를 즉시 기억하거나 기록하는 것이 어렵습니다. 이외에도, 심리적인 이해나 추론 등 인간 지능의 주요 요소가 결여되어 있으므로, 단순한 문장 출력기의 수준을 넘지 못한다는 한계도 있습니다.

- 매개변수: GPT-3는 1,750억 개의 매개변수(parameter) 모델이며, GPT-4는 약 1조 6천억 개의 매개변수(parameter) 모델(확인되지 않음)이므로 GPT-4의 매개변수 크기가 훨씬 더 큽니다. 매개변수 크기가 더 큰 GPT-4는 더 복잡한 작업을 해결할 수 있습니다.

- 성능: GPT-4는 GPT-3보다 더 많은 텍스트를 처리할 수 있습니다. GPT-4는 약 25,000개의 단어를 처리하고 분석하여 출력으로 생성할 수 있습니다. 질문에 답하고, 텍스트를 요약하고, 텍스트를 확장하고, 새 텍스트를 만들고, 스크립트를 만들고, 텍스트를 번역하는 등의 작업을 GPT-3보다 더 빠르게 수행할 수 있습니다.

4.1.3 GPT-4 Turbo

1) 2023년 4월까지의 데이터로 훈련된 GPT-4 Turbo는 2021년 9월까지의 데이터로 학습한 기존 모델 'GPT-4'보다 더욱 최신의 데이터를 기반으로 응답을 제공할 수 있습니다. 처리 정보량도 크게 증가하여 한 번에 128,000토큰(약 10만 단어, 128K)에 해당하는 정보를 프롬프트에 입력할 수 있습니다. 이는 영문 기준으로 약 300페이지의 문서, 책 한 권의 내용을 프롬프트에 넣을 수 있다는 것을 의미합니다. 이는 이전의 가장 큰 컨텍스트 창을 가진 'ChatGPT'의 최대 32,000 토큰(GPT-4 32K) 규모보다 더 큽니다.

2) GPT-4 Turbo는 확장된 멀티모달 기능도 제공합니다. 이미지 생성 AI인 'DALL-E 3'와 연동하여 이미지 생성이 가능하며, 텍스트-음성 변환 지원으로 음성으로 답변도 가능합니다. 사용자는 제공되는 6개 Voice 중 하나의 음성을 선택하여 사용할 수 있습니다. 또한, 이미지 분석, 데이터 분석, 문서 업로드 및 PDF 검색 등 다양한 기능을 지원합니다.

3) GPT-4 Turbo는 성능은 강력해졌으나, 가격은 저렴해졌

습니다. 개발자용 GPT-4 Turbo의 사용료는 입력 1,000
토큰당 0.01달러로, GPT-4의 3분의 1 수준에 불과하고,
출력의 경우 1,000토큰당 0.03달러로 기존의 절반입니다.

	Older models	New models
GPT-4 Turbo	GPT-4 8K Input: $0.03 Output: $0.06	GPT-4 Turbo 128K Input: $0.01 Output: $0.03
	GPT-4 32K Input: $0.06 Output: $0.12	
GPT-3.5 Turbo	GPT-3.5 Turbo 4K Input: $0.0015 Output: $0.002	GPT-3.5 Turbo 16K Input: $0.001 Output: $0.002
	GPT-3.5 Turbo 16K Input: $0.003 Output: $0.004	
GPT-3.5 Turbo fine-tuning	GPT-3.5 Turbo 4K fine-tuning Training: $0.008 Input: $0.012 Output: $0.016	GPT-3.5 Turbo 4K and 16K fine-tuning Training: $0.008 Input: $0.003 Output: $0.006

GPT 모델의 새로운 버전(금액은 변동됨)

출처: https://OpenAI.com/pricing

	모델명	토큰	데이터 학습
GPT-4-Turbo	gpt-4-1106-preview	128,000	23년 4월
	gpt-4-1106-vision-preview	128,000	23년 4월
GPT-4	gpt-4	8,192	21년 9월
	gpt-4-32K	32,768	21년 9월
GPT-3.5 Turbo	gpt-3.5-turbo-1106	16,385	21년 9월
	gpt-3.5-turbo-instruct	4,096	21년 9월

GPT 모델 비교

출처: https://OpenAI.com/pricing

OpenAI 이미지 모델

새로운 이미지를 생성하고 편집하기 위해 DALL-E 모델을 사용할 수 있습니다. DALL-E 3는 최고 품질의 모델이고 DALL-E 2는 더 낮은 비용으로 최적화되어 있습니다.

OpenAI 오디오 모델

OpenAI에서 공개한 AI 모델로 음성을 텍스트로 변환할 수 있는 모델입니다. Speech to Text (STT)를 AI로 구현하여 음성을 Text로 변환하고 이를 통해 GPT에 질의응답을 할 수 있습니다.

Model	Usage
Whisper	$0.006 / minute (rounded to the nearest second)
TTS	$0.015 / 1K characters
TTS HD	$0.030 / 1K characters

OpenAI 오디오 모델(금액은 변동됨)

출처: https://OpenAI.com/pricing

4.1.4 AOAI(Azure OpenAI)

Azure OpenAI는 Microsoft의 클라우드 컴퓨팅 플랫폼인 Azure에서 제공하는 AI 서비스입니다. 이 서비스는 OpenAI

의 GPT(Generative Pre-trained Transformer) 모델을 기반으로 하며, 사용자가 자연어 처리 작업을 쉽게 수행할 수 있도록 지원합니다.

사용자는 API 호출을 통해 자연어 이해, 문장 생성, 텍스트 요약 등의 다양한 작업을 진행하거나, AI 기반의 응용 프로그램을 개발할 수 있습니다.

Azure OpenAI 서비스는 GPT-4, GPT-3.5 Turbo 그리고 Embeddings 모델 시리즈를 포함하여 OpenAI의 강력한 언어 모델에 대한 REST API 액세스를 제공합니다. 이 모델들은 콘텐츠 생성, 요약, 의미 체계 검색, 자연어에서 코드로의 번역 등의 특정 작업에 쉽게 적용될 수 있습니다. 사용자는 REST API, Python SDK 또는 Azure OpenAI Studio의 웹 기반 인터페이스를 통해 서비스에 액세스할 수 있습니다.

인공지능, 특히 Azure OpenAI에서 사용 가능한 생성 모델들은 상당한 이점을 가지고 있습니다. 그러나 신중한 설계와 위험 완화 전략이 있어야 부정확하거나 해로운 콘텐츠를 만들어낼 위험을 통제할 수 있습니다. 이에 대응하여 Microsoft는 남용이나 예상치 못한 위험을 방지하기 위해 여러 노력을 기울이고 있습니다. 그 예로 사용 사례의 명확한 정의, Microsoft의 책임 있는 AI 원칙의 적용, 고객 지원을 위한 콘텐츠 필터의 개발, 그리고 책임 있는 AI(Responsible AI) 사용을 위한 지침 제공 등이 있습니다.

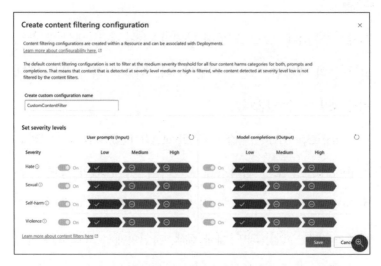

콘텐츠 필터링 시스템은 Prompts(Input)와 Completions(Output)을
검사하여 유해한 콘텐츠를 감지하고 조치

AOAI(Azure OpenAI)의 장점

AzureOpenAI를 사용하면 고객은 OpenAI와 동일한 모델을 실행하면서 Microsoft Azure의 엔터프라이즈 보안 기능을 이용할 수 있습니다. 또한, 많은 Azure Public Cloud 내의 서비스와 통합하여 LLM 모델을 쉽게 확장할 수 있습니다.

Azure 내의 서비스 통합

또한, Azure에서는 다양한 LLM 모델(Llama2, Falcon 등)을 배포 및 실행할 수 있습니다. 이 모두 API 형식으로 동작하며, 다른 서비스와 쉽게 연동 가능합니다.

OpenAI는 인공지능 분야에서 협력을 강화하기 위해 Microsoft와 파트너십을 맺고 있습니다. 이들의 협력은 Microsoft의 클라우드 플랫폼인 Azure에서 제공하는 AI 기술, 특히 자연어 처리 기능을 개발하고 향상하는 데 중요한 역할을 합니다. 또한, Microsoft는 OpenAI에 대한 투자를 통해 OpenAI의 기술 발전을 지원하고 있습니다.

Azure OpenAI 서비스가 출시된 후, 다양한 산업에 있는 크고 작은 Azure 고객들은 보안, 안정성, 규정 준수, 데이터 개인정보 보호, 책임 있는 AI 등과 함께 초거대 생성 AI 모델의 기능을 활용할 수 있게 되었습니다.

예를 들어, 대화형 AI 플랫폼을 제공하는 스타트업 무브웍스(Moveworks)는 고객들이 가진 기본 지식의 차이를 식별하고 이를 기반으로 지식 조항을 자동 작성하여 새로운 적용 케이스에 대한 문제를 해결했습니다. KPMG는 복잡한 IT 시스템과 방대한 데이터량을 관리하면서도 데이터의 관계를 찾아 세금 납부액의 정확성을 검증하고, 이를 국가 및 세금 유형별로 분류하여 고객의 니즈를 충족시켰습니다. 중고차 판매 업체 카맥스(CarMax)는 몇 달만에 11년 분량의 자동차 요약본을 제작하고, 웹사이트에서 효과적인 인사이트를 고객에게 제공했습니다.

Microsoft와 OpenAI의 파트너십은 AI 기술의 발전과 적극적인 활용을 촉진하며, 그 결과로 탄생한 것이 Azure OpenAI 서비스입니다. 이 서비스는 다양한 산업 내 기업들이 AI를 활용하여 비즈니스 혁신을 추진하고, 고객 경험을 개선하는 데 크게 기여하고 있습니다.

4.2 그 외 LLM 모델

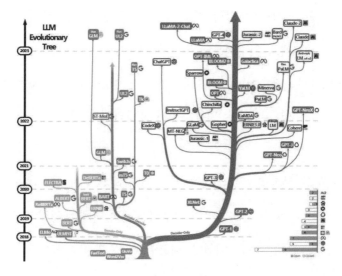

LLM 진화 트리

출처: https://github.com/mooler0410/llmspracticalguide

4.2.1 LaMDA

구글이 2021년에 세상에 선보인 LaMDA(Language Model for Dialogue Applications)는 단순한 언어 모델을 넘어 '혁신적인' 대화 플랫폼으로 떠올랐습니다. 이 기술은 복잡한 트랜스포머(Transformer) 기반의 아키텍처를 사용하여, 인간과 같은 유연하고 자연스러운 대화를 가능하게 만들었습니다.

LaMDA는 대화의 맥락을 깊이 파악하고, 주제가 전환되거나 확장될 때 그 흐름을 놓치지 않는 특징을 가집니다. 이는 사람들 사이의 일상 대화에서 종종 발생하는 주제의 변화나 표류에도 안정적으로 대응할 수 있다는 의미입니다. 즉, LaMDA는 단순히 정보를 주고받는 차원을 넘어, 상대방과의 소통에서 생기는 작은 뉘앙스까지 포착하고 반응하는 것이 가능합니다.

대화의 정확성과 풍부함을 크게 향상하기 위해 세심하게 조율된 LaMDA는 사용자와의 상호작용에서 기계와 사람 사이의 경계를 지우는 듯한 경험을 제공합니다. 그 우수성으로 인간과 기계 간 커뮤니케이션의 미래를 새롭게 정의할 가능성을 보여줍니다.

그러나, 모든 대화형 AI와 마찬가지로, LaMDA 역시 불완전한 정보 이해나 잘못된 해석으로 인해 오류를 범할 수 있고, 훈련 데이터에 포함된 편향이 결과에 영향을 미칠 가능성이 있으며, 사용자의 데이터 처리와 관련하여 개인정보 보호와 윤리적인 사용이 여전히 중요한 이슈로 남아 있습니다.

4.2.2 BLOOM

2022년 빅사이언스라는 공개 협업 프로젝트가 대형 언어 모델인 '블룸'을 개발했습니다. 이 프로젝트는 약 1,000명 정도의 학술 자원봉사자들이 참여하였고, 구글 및 OpenAI와 경쟁할 수 있는 규모의 다국어 기반 첫 번째 모델을 만들기 위해 컴퓨팅 비용 약 7백만 달러를 사용해 훈련시켰습니다.

블룸 모델은 인공지능 언어 시스템의 유해한 출력을 줄이는 것을 목표로 하고 있습니다. 허깅 페이스의 공동 설립자인 토마스 울프(Thomas Wolf)는 '모델에 대한 접근이 책임 있는 머신러닝을 수행하는 데 필수적'이라고 강조했습니다.

블룸 모델은 대형 언어 모델로, 요약 생성, 번역, 질의응답, 텍스트 분류와 같은 작업을 수행하기 위해 수십억 개의 단어와 구문 간의 통계적 연관성을 학습하는 알고리즘입니다. 이 모델은 특정 단어를 지우고 예측을 현실과 비교하여 매개변수라고 하는 값을 조정함으로써 학습합니다. 블룸은 GPT-3와 동등한 1,760억 개의 매개변수를 가지고 있습니다.

이 언어 모델은 때때로 인상적인 성과를 보이지만, 답변에 일관성이 없거나 인간이 만든 학습 데이터에 내포된 인종차별적 또는 성차별적 편견과 편향을 배우고 드러내는 문제가 있습니다. 이를 해결하기 위해 블룸은 윤리학자, 법률학자, 철학자를 포함한 수백 명의 연구원과 페이스북 및 구글 직원들의 공동 작업을 진행합니다.

블룸은 500개 소스에서 거의 삼분의 이가량인 3,410억 단어 데이터 세트를 직접 선택했습니다. 다국어 웹 크롤링을 활용해 데이터를 수집하고 품질을 필터링하며 개인정보 보호를 위해 데이터를 일부 수정했습니다.

블룸(BLOOM) 모델은 인공지능(AI) 연구의 전통적인 경계를 넘어 다양한 분야에서 응용될 수 있는 잠재력을 지니고 있습니다. 이는 단순히 자연어 처리 능력에 그치지 않고, 문장이나 문서로부터 필요한 정보를 추출하거나, 생물학적 데이터를 분류하는 일과 같이 특수화된 연구 분야에서도 중요한 역할을 할 수 있음을 시사합니다. 블룸 모델의 이러한 범용성은 연구자들이 복잡한 문제를 다룰 때 광범위한 데이터 해석 및 분석 작업을 간소화할 수 있는 도구를 제공함으로써, 과학적 탐색과 발견을 가속화하는 데 기여할 수 있습니다.

블룸 모델의 고도화된 생성 능력은 그 자체로 강력하지만, 이러한 능력이 악의적인 목적으로 오용될 가능성이 존재합니다. 특히 가짜 뉴스 생성과 같은 행위는 공공의 신뢰를 해칠 뿐만 아니라, 사회적 혼란을 초래할 수 있는 심각한 위험을 내포하고 있습니다. 이에 따라, 블룸 모델을 활용하고자 하는 연구원이나 개발자들은 사용하기 전에 모델을 부적절하게 사용하지 않을 것을 약속하는 법적 라이선스에 서명해야 합니다. 이 라이선스는 모델의 사용을 규제하여 책임 있는 사용을 강조하고, AI 기술의 윤리적 활용을 보장하기 위한 조치로 볼 수 있습니다. 이러한 법적 합의는 연구자들이 모델을 안전하고 적절하게 사용하며, 동시에 나쁜 영향으로부터 사회를 보호하는 데 중요한 역할을 합니다.

4.2.3 PaLM 2(Google)

2023년 5월 구글에서 발표한 PaLM 2는 사전 훈련된 언어 모델을 사용하여 기계 번역, 요약, 질문 응답 등 다양한 자연 언어 처리(NLP) 작업에서 성능을 평가하기 위해 사용되는 Pre-trained Automatic Metrics입니다. PaLM 2는 이전 세대인 PaLM의 후속 모델로, 향상된 다중 언어와 추론 능력을 바탕으로 코딩 능력까지 향상시킨 최첨단 언어 모델입니다.

PaLM 2의 특징 중 하나는 다중 언어 지원입니다. 이 모델은 100개가 넘는 언어에 대한 텍스트를 학습하여, 각기 다른 언어들이 가진 독특한 뉘앙스와 문화적 요소를 파악하고 이해합니다. 여기에는 단순한 문장 구성뿐만 아니라 속담이나 시, 수수께끼와 같은 복잡한 문화적 표현도 포함되어 있어, 광범위한 언어적 이해를 포함합니다.

또한, PaLM 2는 향상된 추론 능력을 가졌습니다. 과학 논문과 웹 페이지에서 발췌한 데이터셋을 비롯해 수학적 표현까지 포함하여 학습을 진행함으로써, 복잡한 논리적 문제 해결과 상식에 기반한 추론, 그리고 수학적 계산에 있어서도 발전된 기능을 선보입니다.

PaLM 2는 방대한 소스 코드 데이터셋을 통해 사전 훈련되어 코딩 능력도 지녔습니다. Python이나 JavaScript 같은 대중적인 프로그래밍 언어뿐만 아니라 Prolog, Fortran, Verilog 등 특정 분야에서 사용되는 언어까지도 이해하고 생성할 수 있는 능력을 갖춤으로써 개발자들의 코딩 작업의 효율성과 창의성을 높이도록 지원합니다.

PaLM 2는 다양한 규모와 형태의 모델 제품군을 보유하고 있습니다. Gecko라는 가장 작은 모델은 모바일 기기에서도 작동할 만큼 가볍습니다. 중간 크기의 Otter와 Bison 모델은 더 많은 처리 능력과 다양한 기능을 제공하며, Unicorn이라 명명된 가장 큰 모델은 더욱 포괄적이고 깊이 있는 분석과 처리가 가능합니다.

Google 제품 및 기능과의 통합 면에서 살펴보면, 현재 25개 이상의 Google 제품과 기능에 PaLM 2 모델이 통합되어 있으며, Bard, Gmail, Google Docs의 Workspace 기능과 같은 서비스를 향상하는 데 일조하고 있습니다. 의료 연구를 위한 Med-PaLM 2와 보안에 초점을 맞춘 Sec-PaLM과 같은 전문화된 영역에서도 PaLM 2가 활용됩니다. API를 통한 접근성을 제공하며, Vertex AI를 통해 프라이버시와 보안, 거버넌스가 강화된 엔터프라이즈 환경에서 PaLM API를 사용할 수 있으며 구글 클라우드를 위한 듀엣 AI(Duet AI for Google Cloud)와 같은 생성형 AI 어시스턴트 지원에도 PaLM 2가 활용됩니다.

4.2.4 Bard

구글은 2023년 9월, IT 세계에 새로운 혁신을 가져온 람다(LaMDA)를 기반으로 한 구글의 대화형 AI, '바드(Bard)'를 발표했습니다.

바드는 인간의 창의력을 극대화하도록 설계된 혁신적인

LLM(Language Model) 기반 인터페이스입니다. 이 실험적 기술은 사용자들이 생성형 인공지능과 조화롭게 협업할 수 있게 함으로써, 일상과 업무에서 사용자들의 창조적 및 분석적 잠재력을 발휘할 수 있도록 지원합니다. 바드 프로젝트는 구글의 철학과 AI 원칙에 부합하게 신중하게 진행되고 있으며, 학계와 산업 분야 전문가들, 교육자들, 정책 입안자들, 시민권 및 인권 옹호자들, 그리고 콘텐츠 크리에이터들과의 다각적 협업 속에서 기술의 가능성과 한계, 그리고 개선 방향에 대한 광범위한 논의를 통해 진화하고 있습니다.

구글의 바드는 인공지능 어시스턴트로서, 사용자들의 생산성을 향상하고 창의력을 자극하며 호기심을 충족시키는 역할을 하도록 설계되었습니다. 예를 들어 파티 계획과 같은 활동에서 초대장 작성이나 체크리스트 만들기와 같은 부수적인 업무를 바드가 처리함으로써 사용자는 더욱 중요한 결정에 집중할 수 있습니다.

창의성 측면에서 바드는 사용자의 아이디어를 구체화하고 창작 활동을 도울 수 있는데, 블로그, 소설, 시 등의 창작 시 필요한 구조화된 개요와 시작점을 제공합니다. 또한, 사용자가 자신만의 예술적 저작물을 창출할 수 있도록 영감을 주기도 합니다. 사용자의 입력에 대응하여 다양한 응답을 생성하고,

여기서 안전 기준을 충족하는 응답만을 선별해 제공하며, 지속적인 피드백을 통해 모델의 질을 향상시킵니다.

그러나 바드 또한 다른 LLM 기반 모델과 유사하게 정확성 부족, 학습 데이터의 편견, 개인적 감정이나 의견을 가진 듯한 응답, 거짓 양성/거짓 음성의 발생, 그리고 적대적 요청에 대한 취약성 등 한계를 가지고 있습니다.

이러한 한계를 극복하기 위해 모델의 지속적인 개선, 다양한 관점의 통합, 강화 학습의 도입, 유해 콘텐츠에 대한 대응 전략 개발 등을 통해 사용자 경험을 향상시키기 위한 노력을 기울이고 있습니다. 안전 확보를 위해 18세 이상의 사용자에게만 서비스를 제공하며, 사용자의 안전한 이용을 위한 추가적인 조치가 마련되어 있습니다.

4.2.5 Llama2

(관련 url: https://huggingface.co/meta-llama/Llama-2-70b-chat-hf)

2023년 7월 발표된 라마 2(Llama2)는 페이스북 모회사 메타의 AI 그룹이 개발한 대규모 언어 모델(LLM)입니다. 이 모델은 70억 개, 130억 개, 700억 개의 매개변수로 구성된 세 가지 버전으로 제공되며, 각각 사전 학습 및 미세 조정이 적용되어 있습니다.

라마 2는 구글 트랜스포머 아키텍처를 기반으로 하고 있으며, 다음과 같은 방법들을 사용하여 첫 번째 버전인 라마에서 개선되었습니다.

라마 2는 라마에 비해 컨텍스트 길이가 증가하였고(2,048 토큰에서 4,096으로 2배), 멀티쿼리 어텐션 대신 그룹쿼리 어텐션을 사용합니다.

라마 2의 학습 말뭉치(chunk)는 공개적으로 사용 가능한 소스에서 가져온 데이터와 혼합되어 있습니다. 메타는 자신들의 제품이나 서비스에 관련된 데이터는 포함하지 않았다고 밝혔습니다. 학습 데이터셋의 토큰 수는 2조 개이며, 사전학습 시 리서치 수퍼 클러스터와 내부 프로덕션 클러스터를 사용하였습니다. 또한, 엔비디아 A100 GPU를 사용하였고, 70억 매개변수 모델은 18만 4,000 GPU 시간, 700억 매개변수 모델은 170만 GPU 학습시간을 사용했습니다.

라마 2는 안전하게 쓸 수 있도록 조심스럽게 만들어진 인공지능 모델로, 아래의 방법을 사용해서 더 잘 배울 수 있게 훈련되었습니다.

첫 번째 방법은 'SFT(Supervised Fine-Tuning)'로, 이것은

사람의 감독하에서 AI가 올바른 대답을 하도록 가르치는 것입니다. 두 번째 방법은 'RLHF(Reinforcement Learning from Human Feedback)'로, 여기서는 AI가 사람의 피드백을 받으면서 무엇이 좋은 행동인지를 배우는 학습 방식입니다.

그리고 '고스트 어텐션(Ghost Attention, GAtt)'이라는 기술을 사용해서, 대화할 때 이전에 무슨 말이 오갔는지 잊지 않고 기억하도록 함으로써 대화가 자연스럽고 문맥에 맞게 이어질 수 있게 돕습니다.

라마 2의 안전성을 검증하기 위해 약 2,000개의 도전적인 질문이나 명령(적대적 프롬프트)을 사용하여, 사람으로 구성된 평가자들이 이 모델을 테스트하고 평가했습니다. 그 결과, 다른 모델들과 비교해 볼 때 라마 2가 최소한 그만큼 안전하거나, 더 안전한 것으로 결론지었다고 주장합니다.

* 참조: RLHF(Reinforcement Learning from Human Feedback)는 인공지능(AI)이 인간의 피드백을 바탕으로 학습하는 방법입니다. 전통적인 강화 학습이 환경으로부터의 보상 신호를 기반으로 최적의 행동을 찾는 것에 집중하는 반면, RLHF는 인간이 제공하는 피드백을 중요한 학습 신호로 사용합니다.

RLHF는 인공지능(AI) 분야에서 주목받고 있습니다.

첫째, 보상의 모호성 문제를 해결합니다. 많은 경우 적절한 보상 함수를 설계하는 것이 어려운데, RLHF를 사용하면 인간이 직접 AI에게 바람직한 결과가 무엇인지 알려줌으로써 이 문제를 해결할 수 있습니다. 둘째, 안전성 및 윤리적 문제에 대응할 수 있습니다. AI가 사회적 규범과 윤리적 기준을 준수하도록 하기 위해서는 인간의 판단력이 필수입니다. RLHF는 인간의 가치관과 판단을 AI 시스템 내에 반영하여, AI가 안전하고 윤리적인 결정을 내릴 수 있도록 도와줍니다. 셋째, 개별 사용자의 선호나 필요에 맞춰 AI를 개인화하는 데 RLHF가 유용합니다. 사용자마다 다른 피드백을 제공함으로써 AI가 특정 사용자에 맞는 행동을 학습하고, 일반적인 행동보다 더 맞춤화된 서비스를 제공할 수 있게 됩니다. 마지막으로, RLHF는 학습 프로세스를 가속화하는 데 도움을 줍니다. 인간의 직관과 지식을 활용함으로써 AI는 불필요한 시행착오를 줄이고, 더욱 신속하게 중요한 행동 패턴을 학습할 수 있습니다. 이는 특히 충분한 양의 데이터가 없는 상황에서도 AI 모델의 학습이 빠르게 진행될 수 있는 중요한 방법입니다.

4.2.6 Mistral 7B

(관련 URL: https://huggingface.co/mistralai/Mistral-7B-v0.1)

2021년 6월, 파리에서 발표된 'Mistral 7B'는 인공지능 분야에 새로운 지평을 연 모델입니다. 구글 딥마인드(Google's DeepMind)와 메타(Meta)의 전직 임원들이 모여 설립한 Mistral AI는 이 거대 언어 모델을 통해 고성능과 접근성이라는 두 마리 토끼를 동시에 잡았습니다.

GitHub를 통해 대중에게 공개된 Mistral 7B는 7억 개의 파라미터를 활용하여 선배 모델인 Llama 2를 능가하는 성능을 선보였으며, 일부 지표에서는 34B 파라미터를 가진 Llama 1까지도 압도했습니다.

상위 모델인 GPT-4 등이 뛰어난 성능을 자랑하지만, 높은 비용과 API를 통한 독점적 접근 방식으로 사용자는 일정한 제약을 경험합니다. 반면, Mistral 7B는 계산적 오버헤드가 낮아 보다 폭넓은 사용자들이 손쉽게 접근하고 활용할 수 있는 장점이 있습니다.

'CodeLlama 7B for your money'라는 이름으로 출시된 Mistral 7B의 변형 버전은 코딩 작업에 특화되어 있으며, 원본 Mistral 7B의 강력한 학습 능력을 바탕으로 프로그래머들에게 효율성을 제공합니다. 13.4GB의 상대적으로 작은 크기에도 불구하고, Mistral 7B는 다양한 형태의 시스템에서 실행될 수 있는 유연성을 제공하여 AI 모델이 일상적인 컴퓨팅 환경에서도 통합될 수 있다는 가능성을 보여줍니다.

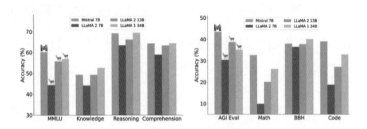

Mistral 7B와 Lllama2 7B, 13B, 34b 성능 비교

출처: https://luv-bansal.medium.com/
mistral-7b-better-than-llama2-13b-model-e9ca2ee8daf0

Mistral 7B Instruct는 MT-Bench와 같은 벤치마크에서 뛰어난 성능을 나타냄으로써, 교육 데이터 세트에 특별히 최적화된 것으로 확인되었습니다. 이는 교육과 학습 분야에서의 응용 가능성을 열어주며, 교육 AI의 새로운 기준을 설정할 수 있습니다.

Mistral 7B의 등장은 기존의 LLM 패러다임에 도전장을 내민 사건으로, 이 모델은 자체적인 우수성과 함께 계산 효율성, 사용 용이성, 교육 분야에의 최적화를 통해 기존의 경쟁 모델들과 견줄 만한 위치를 확보하였습니다.

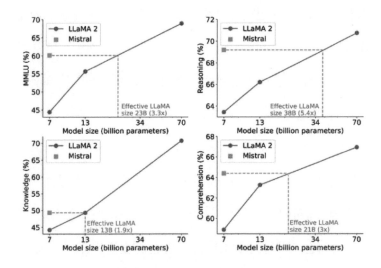

텍스트 벤치마크에 대한 Mistral 7B 와 Llama2 비교

출처: https://luv-bansal.medium.com/
mistral-7b-better-than-llama2-13b-model-e9ca2ee8daf0

4.2.7 Gemini(Google)

인공지능 분야가 급속도로 발전함에 따라, 구글은 'AI-first'
회사로서의 그들의 헌신과 혁신적인 정신을 대표하는 예로,
2023년 12월에 Gemini를 발표함으로써 중대한 도약을 선언
하였습니다.

구글 DeepMind가 주도한 프로젝트 Gemini는 인공지능 프
로젝트로 단순히 명령 실행을 넘어서, 사용자에게 다양한 상

황에서 조수 또는 안내자 역할을 할 수 있는 더욱 진보된 기계의 개발을 목표로 삼았습니다. 이러한 혁신적인 시도는 전통적인 소프트웨어 설계의 한계를 극복하고자 하는 노력의 일환으로 볼 수 있습니다.

DeepMind의 창립자 중 한 명인 Demis Hassabis는 AI 분야와 신경과학 분야의 기여도가 높은 것으로 알려져 있습니다. 그의 리더십하에, 구글은 인간의 생활을 향상시킬 수 있는 더욱 지능적인 기계를 만들겠다는 대담한 비전을 추구해왔고, 이러한 비전은 Gemini라는 이름의 프로젝트를 통해 구현되었습니다. Gemini는 과학 기술 발전뿐만 아니라 인간의 복지 향상이라는 이상적인 목표를 성취하기 위한 중요한 디딤돌로 여겨집니다.

Gemini는 날짜까지 가장 정교하고 일반화된 모델로, 수많은 선도적 벤치마크에서 다방면으로 우수하게 평가되었으며 그 우수성은 세 가지 고유한 구성으로 나타납니다.

- Gemini Ultra: 복잡하고 요구가 많은 작업용
- Gemini Pro: 다양한 응용 프로그램에 능숙한 균형 잡힌 모델
- Gemini Nano: 효율적인 온-디바이스 작업을 위해 맞춤화됨

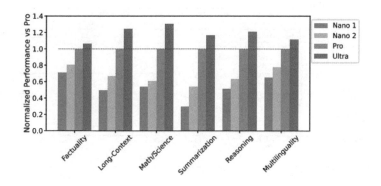

Gemini 모델 패밀리의 언어 이해 및 각기 다른 능력

출처: https://storage.googleapis.com/deepmind-media/gemini/gemini_1_report.pdf

Gemini Ultra의 획기적인 성능은 수학부터 윤리학까지 다양한 주제를 포함하는 MMLU(대규모 멀티태스크 언어 이해)에서 인간 전문가들을 능가함으로써 강조되었습니다. 복잡한 질문에 접근할 때의 추론 능력은 초기 인상에 의존하기보다는 신중하게 숙고함으로써 다른 모델들을 앞섰습니다. 또한, 텍스트, 이미지, 코드 등을 아우르는 복잡한 추론이 필요한 멀티모달 벤치마크에서도 우수성을 보여주었습니다.

	Gemini Ultra	Gemini Pro	GPT-4	GPT-3.5	PaLM 2-L	Claude 2	Inflect-ion-2	Grok 1	LLAMA-2
MMLU Multiple-choice questions in 57 subjects (professional & academic) (Hendrycks et al., 2021a)	90.04% CoT@32*	79.13% CoT@8*	87.29% CoT@32 (via API**)	70% 5-shot	78.4% 5-shot	78.5% 5-shot CoT	79.6% 5-shot	73.0% 5-shot	68.0%***
	83.7% 5-shot	71.8% 5-shot	86.4% 5-shot (reported)						
GSM8K Grade-school math (Cobbe et al., 2021)	94.4% Maj1@32	86.5% Maj1@32	92.0% SFT & 5-shot CoT	57.1% 5-shot	80.0% 5-shot	88.0% 0-shot	81.4% 8-shot	62.9% 8-shot	56.8% 5-shot
MATH Math problems across 5 difficulty levels & 7 subdisciplines (Hendrycks et al., 2021b)	53.2% 4-shot	32.6% 4-shot	52.9% 4-shot (via API**)	34.1% 4-shot (via API**)	34.4% 4-shot	—	34.8%	23.9% 4-shot	13.5% 4-shot
			50.3% (Zheng et al., 2023)						
BIG-Bench-Hard Subset of hard BIG-bench tasks written as CoT problems (Srivastava et al., 2022)	83.6% 3-shot	75.0% 3-shot	83.1% 3-shot (via API**)	66.6% 3-shot (via API**)	77.7% 3-shot	—	—	—	51.2% 3-shot
HumanEval Python coding tasks (Chen et al., 2021)	74.4% 0-shot (IT)	67.7% 0-shot (IT)	67.0% 0-shot (reported)	48.1% 0-shot	—	70.0% 0-shot	44.5% 0-shot	63.2% 0-shot	29.9% 0-shot
Natural2Code Python code generation. (New held-out set with no leakage on web)	74.9% 0-shot	69.6% 0-shot	73.9% 0-shot (via API**)	62.3% 0-shot (via API**)	—	—	—	—	—
DROP Reading comprehension & arithmetic. (metric: F1-score) (Dua et al., 2019)	82.4 Variable shots	74.1 Variable shots	80.9 3-shot (reported)	64.1 3-shot	82.0 Variable shots	—	—	—	—
HellaSwag (validation set) Common-sense multiple choice questions (Zellers et al., 2019)	87.8% 10-shot	84.7% 10-shot	95.3% 10-shot (reported)	85.5% 10-shot	86.8% 10-shot	—	89.0% 10-shot	—	80.0%***
WMT23 Machine translation (metric: BLEURT) (Tom et al., 2023)	74.4 1-shot (IT)	71.7 1-shot	73.8 1-shot (via API**)	—	72.7 1-shot	—	—	—	—

텍스트 벤치마크에 대한 Gemini 성능과 그 외 LLM 비교

출처: https://storage.googleapis.com/deepmind-media/gemini/gemini_1_report.pdf

이전 모델들이 멀티모달성을 모방하기 위해 별도의 구성 요소를 결합한 것과 달리, Gemini는 처음부터 다양한 데이터 유형을 본질적으로 통합하도록 설계되었습니다. 이러한 내재적인 접근 방식은 Gemini가 입력에 대해 종합적으로 이해하고 추론할 수 있게 하여, 다양한 분야에서 새로운 기준을 제시합니다.

인공지능 기술의 지속적인 발전에 힘입어, Gemini 프로젝트를 통한 성과도 커져가고 있습니다. 이제 Gemini 모델은 다음과 같은 고급 기능을 포함합니다.

- 정교한 멀티모달 추론 능력: 문서 및 이미지와 같은 다양한 형식으로 제공되는 복잡한 정보를 분석하고 이해할 수 있게 되었습니다.

- 고급 코딩 기능: 여러 프로그래밍 언어에 대응하는 보다 질 높은 코드 생성 작업이 용이해졌습니다.

- 데이터 해석 능력 향상: 오디오 및 비디오 데이터를 비롯한 미묘한 데이터를 이전보다 더욱 깊이 있게 이해하게 되었습니다.

이러한 역량 강화는 구글의 최신 텐서 프로세싱 유닛(TPUs), 특히 v4와 v5e 버전이 Gemini의 트레이닝 과정에서 활용됨으로써 가능해졌습니다. 이들 TPU는 속도, 신뢰성, 확장성, 그리고 효율성 면에서 최적의 성능을 발휘합니다. 클라우드 TPU v5p가 출시되면서 구글은 Gemini의 발전을 가속화하는 동시에, 개발자와 기업들이 광범위한 AI 모델들을 더욱 빠르게 훈련시킬 수 있도록 합니다.

Gemini의 발전과 배포는 윤리적 고려 사항도 함께 검토합니다. AI가 가져올 수 있는 편향, 독성, 잠재적인 오용 가능성을 줄이기 위한 철저한 검토와 평가 과정을 통합하고 있는데, 이는 구글이 기술력 향상뿐 아니라, 그 책임과 안전성 또한 매우 중요하게 여기고 있다는 것을 보여줍니다.

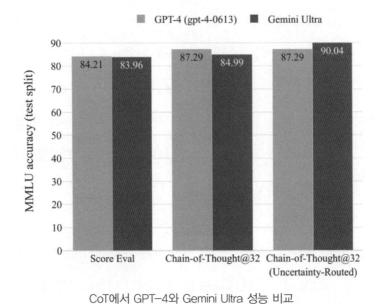

CoT에서 GPT-4와 Gemini Ultra 성능 비교

출처: https://storage.googleapis.com/deepmind-media/gemini/gemini_1_report.pdf

sLLM의 출현[2]

5.1 소형 언어 모델(sLLM)

최근에는 대형 언어 모델에 비해 상대적으로 작은 크기의 소형 언어 모델(sLLM)이 주목받고 있습니다. 소형 언어 모델은 대형 모델에 비해 매개변수의 수가 수십억 내지 수백억 개로 비교적 작습니다.

예를 들어, 메타(Meta)는 '라마(LLaMA)'라는 소형 언어 모델을 공개했는데, 이 모델의 가장 큰 버전의 매개변수가 650억 개로, 다른 경쟁사들의 대형 언어 모델에 비해 확연히 적습니다.

---

2 현재 sLLM과 SLM의 용어가 혼재되어 사용됨

기업명	모델명	주요 특징
네이버	하이퍼클로바 (HyperCLOVA)	• 국내 기업 최초 자체 개발 인공지능 모델 • 2,040억개의 매개변수, 5,600억개의 한국어 토큰 • GPT-3보다 한국어 데이터를 6천5백배 이상 학습 • 하이퍼클로바X 7월 공개 예정
카카오	코지피티 (KoGPT)	• GPT-3의 한국어 특화 언어 모델 • 60억개의 매개변수, 2천억개의 한국어 토큰 • 390억 개 매개변수를 학습한 코(Ko)GPT-3.5 공개 예정
LG전자	엑사원 (EXAONE)	• 국내 최대 매개변수 보유(3천억개) • 언어, 이미지 이해·생성, 데이터 추론
SKT	에이닷(A.)	• 한국어 GPT-3 기술을 적용한 AI 비서서비스 제공('22.5.) • 장기기억 기술 및 멀티모달 기술 도입 예정

국내 기업의 언어 모델 개발 추진 현황(출처: KISTEP 과학기술정책센터)

5.2 sLLM의 성능과 장점

sLLM(소형 언어 모델)은 여러 가지 중요한 이점을 가지고 있습니다. 먼저, 크기가 작기 때문에 훈련에 필요한 데이터의 양이나 시간, 비용이 상대적으로 적게 든다는 점입니다. 스탠퍼드 대학교에서 개발한 '알파카' 모델은 큰 규모의 GPT-3.5와 비교했을 때 유사한 성능을 보였다고 합니다.

sLLM은 특히 특정 산업이나 분야에 맞춤화되고 최적화될 수 있는 잠재력을 지니고 있으며, 이는 해당 영역에서 대형 언어 모델보다 뛰어난 성능을 발휘할 가능성을 내포합니다. 실제로, 경량화된 모델이 다양한 애플리케이션에 통합되어 사용하기에 더욱 적합하며, 이는 sLLM의 큰 이점 중 하나입니다.

이외에도 관리 용이성 측면에서 sLLM은 연산 및 메모리 요구사항이 낮아서 적은 컴퓨팅 자원에서 효율적인 훈련과 실행이 가능합니다. 비용 효율성 면에서는 대규모 모델에 비해 훨씬 저렴하게 훈련하고 유지 관리할 수 있고, 다양한 하드웨어 환경에 유연하게 배치할 수 있습니다. 데이터를 효율적으로 사용하는 측면에서도 대량의 데이터 없이도 만족스러운 성능을 낼 경우가 있어, 데이터 효율성도 높습니다.

일반 사용자나 중소기업들에게 sLLM은 접근성이 좋으며, 자체 서버나 클라우드 기반의 컴퓨팅 리소스로 충분히 운영 가능합니다. 응답 시간 측면에서는 더 작은 모델이 일반적으로 빠른 추론 속도를 제공해서 실시간 응용 프로그램에 적합할 수 있습니다. 실험과 파라미터 튜닝의 용이성 역시 sLLM의 장점으로, 모델이 작을수록 새로운 아이디어와 접근 방식을 시험해보기에 더 편리한 환경을 제공합니다.

윤리적 및 환경적 고려사항도 sLLM의 중요한 장점입니다. 대규모 모델에 비해 적은 에너지를 소모함으로써 환경에 미치는 부담을 줄일 수 있으며, 편향이나 오용 문제를 관리하는 것이 더 쉬워집니다. 이러한 여러 이점 덕분에 sLLM은 AI 기술의 다양한 분야에서 인기를 얻고 있습니다.

5.3 sLLM의 활용 사례

소형 언어 모델은 정보 유출 우려가 있는 기업이나 국가 정부가 독자적인 언어 모델을 구축해 자체적으로 운영하는 경우에 특히 유용합니다. 예를 들어, 갓잇 AI(Got it AI)는 챗봇 애플리케이션에 적용할 수 있는 기업용 소형 언어 모델 '엘마(ELMAR)'를 공개하였습니다. 엘마는 작은 규모의 사내 구축형(온프레미스) 언어 모델로, 데이터 외부 유출에 민감한 기업들을 타깃으로 합니다.

5.3.1 소형 언어 모델 '핑퐁-1'(스캐터랩)

스캐터랩은 이 모델이 추론과 논리 중심의 직관형(T)이 아닌, 감정을 중시하는 감정형(F)의 대규모 언어 모델을 지향한다고 말했습니다. 스캐터랩은 AI 챗봇 '이루다', '강다온' 등을 통해 감성형 AI 시장에서 인지도를 높여왔으며, 스캐터랩 대표이사는 AI가 단순한 생산성 도구가 아니라 재미와 감동을 주는 '플레이 메이트'처럼 될 수 있도록 하고자 한다고 밝혔습니다.

핑퐁-1은 기존에 사용되던 '루다 젠-1(Luda Gen-1)'보다 고도화된 모델로, 파라미터 수를 수 배 키우고 데이터 학습량을 7배

증가시켜 일반 지식과 상식의 스펙트럼을 넓혔다고 합니다. 또한, 루다 젠-1³이 특정 캐릭터에 특화된 반면, 핑퐁-1은 다양한 캐릭터 구현이 가능할 것으로 예상됩니다. 핑퐁-1은 세 가지 사이즈의 모델인 숏(Short), 톨(Tall), 그란데(Grande)로 구성되어 있다고 하는데, 정확한 파라미터 수는 공개되지 않았습니다.

스캐터랩은 생성형 AI의 환각 현상에 대해 환각을 완전히 억제하기보다는 상상력을 마음껏 발휘할 수 있는 LLM을 지향한다고 언급했습니다. 스캐터랩은 핑퐁-1을 활용하여 엔터테인먼트, 게임, 콘텐츠, 소셜 커머스 등에서 창의적인 표현 능력이 중요한 비즈니스 분야를 공략할 계획이며, 정확성보다는 '재미'를 중요시하는 분야에서의 강점을 강조했습니다.

5.3.2 ORCA 2(Microsoft)

Microsoft는 경량화 대규모 언어 모델인 '오르카 2(Orca 2)'를 개발했습니다. 이 모델은 130억 개의 매개변수를 가진 소

---

3 루다 젠-1(Luda Gen-1)은 이루다 2.0에 적용된 답변 생성 모델입니다.

형 모델로, 테스트 결과 큰 모델들의 추론 방법을 모방해·추론 능력을 10배 향상시킬 수 있음이 드러났습니다. 오르카 2는 GPT-4나 팜(PaLM)과 같은 LLM에 비해 강력한 추론 기능을 갖춘 것으로 알려졌으나, 소형 모델이 가진 제약은 여전합니다. Microsoft는 이번 오르카 2 개발로 소형 모델의 기능 향상을 목표로 하고 있습니다.

오르카 2는 첫 번째 버전인 오르카 1세대를 이어, 매개변수가 100억 개 미만인 소형 언어 모델 탐색에 있어 Microsoft의 최신 성과를 보여줍니다. 이 모델은 대량의 합성 데이터가 포함된 라마 2(Llama 2)에서 맞춤 학습되었고, 현재 오르카 2는 Hugging Face에 오픈소스로 제공되고 있습니다.

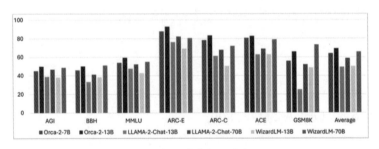

오르카 2 벤치마크 결과

출처: https://www.aitimes.com/news/articleView.html?idxno=155371)

벤치마크 테스트 결과 오르카 2는 언어 이해력, 상식 추론, 수학적 문제 해결 등 여러 부문에서 이전 세대 및 동일 크기

모델을 뛰어넘는 성능을 보였으며, 복잡한 추론 처리 테스트에서는 대규모 언어 모델과 유사한 성능을 보여주었습니다. 오르카 2는 라마 2와 위저드LM(WizardLM)보다 우수한 성능을 보였으며, 특히 'GSM8K' 벤치마크에서는 위저드 LM-70B를 제외하고 모든 모델보다 나은 성과를 보였습니다.

Microsoft는 오르카 2의 개선된 훈련 방법이 소형 모델로도 대규모 모델의 추론 능력을 능가할 수 있음을 입증한다고 언급했으며, 신중하게 필터링한 합성 데이터 사용이 중요한 개선 요소라고 설명했습니다. 오르카 모델 개발에 사용된 기술은 다른 기반 모델에도 활용될 수 있음을 밝혔습니다.

5.4 LLM vs sLLM

ChatGPT 등이 기존의 광범위한 LLM을 사용하면서 오히려 전문성이나 효용성 측면에서 부족한 점이 발생하는 반면, sLLM은 특정 영역에 특화해 구축한 모델로서 보안·환각 문제를 해소하며 기존 LLM의 한계를 극복합니다.

sLLM은 60억~70억 개 파라미터를 가지며, Meta사의 Llama와 스탠포드 대학교 연구진의 Alpaca, Databricks의

Dolly, 그 외 Koala, Vicuna가 이에 해당합니다.

■ 대규모 언어모델과 소형 대규모 언어모델 비교

구 분	대규모 언어모델(LLM)	소형 대규모 언어모델(sLLM)
크기 (파라미터)	약 수천억 개	약 수십억 개
예 시	오픈AI GPT-4, 구글 팜2, 네이버 하이퍼클로바X, LG엑사원	메타 라마, 스탠퍼드대 알파카, 스캐터랩 핑퐁
특 징	정확하고 복잡한 작업, 방대한 컴퓨팅 자원 필요	적은 컴퓨팅 활용, 특정 영역 언어에 특화, 신속한 파인튜닝

출처: https://www.mk.co.kr/news/it/10791394

PART 6

RAG 대 Fine-tuning

6.1 RAG: 검색 증강 생성

6.1.1 RAG 소개

검색 증강 생성(Retrieval Augmented Generation, RAG) 아키텍처는 대규모 언어 모델(Large Language Models, LLMs)의 인공지능 기능을 확장하기 위해 설계된 체계입니다. 이 방식을 이용하면 정보 검색 시스템을 활용하여 LLM이 생성하는 응답의 근거 데이터를 제공할 수 있습니다. 이를 통해 LLM은 기존에 모델 내부에 저장된 지식에만 의존하지 않고 추가적인 외부 정보 소스를 참조하여 더욱 정확하고 신뢰성 있는 출력을 생성할 수 있습니다.

LLM은 방대한 텍스트 데이터로 사전 훈련되어 그 자체로도 다양한 질문에 답하고, 복잡한 텍스트를 생성할 수 있는 능력을 갖추고 있으나, 훈련 과정에서 학습한 정보가 고정되어 있다는 한계를 가지며, 시간이 경과함에 따라 최신 지식을 반영하지 못하는 문제, 생성된 응답에 오류나 왜곡된 정보가 포함될 가능성이 있습니다. 이와 같은 문제를 해소하기 위해 RAG는 실시간으로 업데이트되는 정보 검색 시스템으로부터 추가적인 데이터를 확보하여 모델의 응답을 지원합니다.

6.1.2 정보 검색 시스템의 중요성

정보 검색 시스템은 대규모 언어 모델(LLM)의 성능에 결정적인 영향을 미치는 핵심 구성 요소입니다. 검색 증강 생성(Retrieval-Augmented Generation, RAG) 기법에서 LLM의 입력에 사용되는 데이터를 제공하는 메커니즘으로서, 이 시스템의 선택 및 설계는 다음과 같은 주요 요소들을 고려해야 합니다.

인덱싱 전략

정보 검색 시스템은 방대한 양의 콘텐츠를 효율적으로 처리하고, 필요한 빈도로 데이터를 로드하고 새로 고침 할 수 있는 견고한 인덱싱 전략이 필수입니다. 이는 사용 가능한 정보가 지속적으로 업데이트되고 확장되므로, 신뢰성 있는 검색 결과를 보장하기 위해 중요합니다.

쿼리 기능 및 튜닝

검색 시스템은 LLM의 토큰 길이 제한 사항을 고려하여, 짧은 형식의 관련 결과를 효과적으로 반환할 수 있어야 합니다. 따라서, 검색 쿼리를 최적화하고 관련성을 높이기 위해 쿼리 기능 및 튜닝 시스템이 중요합니다.

보안성 및 접근성

데이터와 작업에 대한 보안은 정보 검색 시스템에서 우선시되어야 합니다. 반드시 철저한 보안 프로토콜을 갖추어야 하며, 시스템의 안정성을 유지하면서 사용자에게 일관된 서비스를 제공해야 합니다.

시스템 통합

LLM과의 원활한 통합은 정보 검색 시스템의 효율성을 크게 향상시킵니다. 이를 위해 검색 시스템은 LLM의 아키텍처와 연동하여, 검색된 데이터를 LLM이 처리할 수 있는 형식으로 제공해야 합니다.

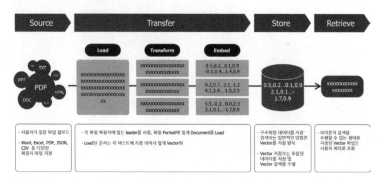

RAG의 데이터 처리 흐름

Embedding 모델(예: text-embedding-ada-002)은 컴퓨터가 단어나 문장을 이해하기 위해 그것들을 위치 기반의 좌표 숫자로 바꾸는 것입니다. 컴퓨터에게 언어를 가르치는 것처럼, 단어나 문장을 숫자의 줄(벡터 좌표)로 만들면, 컴퓨터는 그 숫자를 보고 무슨 뜻인지 알 수 있게 되는 개념입니다.

VectorDB는 컴퓨터가 이렇게 숫자로 바꾼 단어나 문장을 저장하고 관리하는 곳입니다. 사람이 단어장에 단어를 적어 둔 것처럼, 컴퓨터도 VectorDB에 숫자로 된 '단어장'을 가지고 있어, 나중에 필요할 때 쉽게 찾아볼 수 있도록 합니다.

6.1.3 Vector

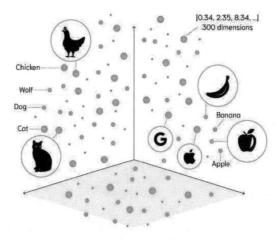

Vector화 도식

출처: https://weaviate.io/blog/distance-metrics-in-vector-search

1) 벡터 검색의 개념

벡터화(Vectorization)는 텍스트 데이터를 수치적 벡터 형태로 전환하는 과정으로, 이를 통해 단어나 문장이 임베딩(embedding)되어 고정된 길이의 벡터로 표현됩니다. 이 변환은 원본 데이터의 의미를 최대한 보존하도록 설계되며, 변환된 벡터는 기계학습 모델에 입력되거나 정보 검색에 사용됩니다.

유사성을 측정하는 방법(Similarity Measurement)에는 여러 가지가 있으며, 대표적인 메트릭으로는 코사인 유사도(cosine similarity), 유클리드 거리(Euclidean distance), 맨해튼 거리

(Manhattan distance) 등이 있습니다. 각 메트릭은 데이터 포인트 간의 관련성 또는 거리를 다른 방식으로 측정합니다. 예를 들어, 코사인 유사도는 두 벡터 사이의 각도를 측정하여 유사성을 판단하는데, 각도가 작으면 작을수록 두 벡터는 서로 더 유사하다고 간주됩니다.

2) 벡터 검색의 장점

벡터 검색 시스템은 정보 검색 분야에서 상당한 유연성을 제공합니다. 이 시스템들은 텍스트, 이미지, 오디오 등 다양한 유형의 데이터를 처리할 수 있으며, 데이터를 벡터로 변환함으로써 의미 기반의 검색을 지원합니다. 이는 단순한 키워드 일치에 의존하는 대신, 데이터 아이템의 내재적 의미와 맥락을 파악하여 검색 결과의 관련성을 크게 향상시킬 수 있다는 것을 의미합니다.

또한, Approximate Nearest Neighbor(ANN)과 같은 알고리즘을 사용함으로써 대규모 데이터셋에서도 비교적 빠른 속도로 유사한 아이템들을 식별할 수 있습니다. ANN 알고리즘은 매우 정확한 최근접 이웃 결과를 반환하지 않지만, 훨씬 적은 계산으로 근접한 결과를 빠르게 찾아낼 수 있어서 대규모 데이터셋에서의 검색 속도를 대폭 개선합니다.

의미론적 유사성에 기반한 검색 방식은 전통적인 키워드 기반 검색보다 향상된 결과를 제공하는 경향이 있습니다. 벡터 검색은 검색어와 문서 간의 직접적인 문자열 일치가 아닌, 추상적인 개념과 주제의 일치를 고려하므로, 결과는 사용자의 의도와 더욱 밀접하게 연결될 가능성이 큽니다. 특히 자연어 처리(NLP)의 발전과 함께 언어 모델이 더욱 정교해지면서, 텍스트 데이터에 대한 벡터 검색의 효용성이 점차 증대되고 있는 추세입니다.

6.1.4 RAG의 장점

RAG(Retrieval-Augmented Generation)는 보안 및 개인정보를 관리하는 데 있어 중요한 이점을 제공합니다. 사전 구축된 데이터베이스를 활용하여 모델은 필수적인 제어와 보안을 가지게 되며, 표준화된 액세스 제어 프로토콜을 통해 사용자에게 데이터 접근 권한을 명확하게 부여할 수 있습니다. 이는 또한 사용자가 안전하고 독점적인 데이터 말뭉치에 대한 액세스 권한을 가질 수 있음을 의미하며, 결과적으로 사용되는 데이터에 대한 제어가 강화됩니다.

RAG는 기존의 미세 조정(fine-tuning) 방법에 비해 뛰어난 확장성을 제공합니다. 미세 조정 과정에서는 모델의 모든 파라미터를 업데이트 하기 때문에 상대적으로 더 많은 컴퓨팅 자원을 요구한다는 단점이 있습니다. 그에 반해, RAG는 별도의 레이블링 작업이나 방대한 교육 데이터 세트 구축 없이도 효과적인 학습이 가능하여, 작업에 소요되는 시간과 비용을 절감할 수 있습니다.

신뢰할 수 있는 출력에 대한 측면에서도 RAG는 주목할 만한 장점을 지닙니다. RAG는 동적 데이터와 함께 사용될 경우 최신 정보로 구성된 정제된 데이터 세트를 바탕으로 결정론적인 결과를 생성할 수 있으며, 이는 실시간으로 변화하는 정보에 근거한 응답을 제공하는 데 매우 유용합니다. 한편, 미세 조정을 통한 학습 방식은 종종 '블랙박스'처럼 작동하며, 모델이 어떻게 특정한 결과를 도출했는지 이해하기가 어려워질 수 있습니다. 이는 모델의 신뢰성과 투명성을 감소시키는 요소가 될 수 있으며, 모델이 비즈니스 지식을 손실 방식으로 인코딩하는 과정에서 발생하는 환각, 부정확성, 심지어 편향의 가능성을 배제할 수 없습니다. RAG의 접근 방식은 이러한 문제들을 완화하며, 더욱 신뢰할 수 있는 AI 시스템을 구현하는 데 도움이 됩니다.

6.1.5 Langchain

LLM은 상태(state)를 유지하지 않으므로, 대화의 연속성과 맥락을 기억하지 못합니다. 따라서 대화의 컨텍스트를 유지하고 LLM에 적절하게 전달하는 책임은 개발자에게 있습니다. 더 나아가, 다양한 애플리케이션 시나리오에 적합한 모델을 선택하고 관리하는 과정은 복잡하고 많은 노력이 요구됩니다. 특히 고도로 맞춤화된 서비스를 제공하기 위해 여러 LLM을 조합하여 사용할 경우, 작업의 복잡도가 증가합니다.

Langchain은 이러한 복잡성을 해결하기 위해 설계된 SDK(Software Development Kit)로, LLM과의 통합을 단순화합니다. ODBC(Open Database Connectivity)나 JDBC(Java Database Connectivity) 드라이버가 데이터베이스의 복잡성을 추상화하는 것처럼, Langchain은 개발자가 모델을 쉽게 교체하거나 대체할 수 있도록 백엔드의 세부사항을 숨겨줍니다. 이로 인해 코드 변경 없는 모델 교체가 가능하며, 개발자는 애플리케이션 로직 개발에 몰두할 수 있습니다.

2022년 10월, LLM에 대한 관심이 급증하는 시기에 개발자 Harrison Chase가 Langchain을 처음 발표했습니다. 이후 커뮤니티의 적극적인 참여와 기여를 통해 Langchain은 LLM

과의 상호작용에 있어 핵심적인 도구로 자리매김하였습니다. Langchain은 외부 도구들과의 통합을 지원하는 강력한 프레임워크로서, LLM에서 원하는 결과를 얻기 위한 작업 흐름을 조율하는 중심적인 역할을 합니다.

Langchain의 탄생은 LLM을 활용한 소프트웨어 개발에서 간과되기 쉬운 요소들을 해결하는 데 중점을 둡니다. 그것은 개발자가 대화형 AI 시스템을 보다 신속하고 효율적으로 구축할 수 있는 환경을 조성함으로써, 최신 LLM 기술의 잠재력을 최대한 발휘할 수 있는 길을 열어주고 있습니다.

Langchain 구성 컨셉

출처: https://python.langchain.com/docs/get_started/introduction

복잡한 현실 세계에서는 애플리케이션들이 다양한 데이터 소스, 예를 들어 PDF 파일, 웹 페이지, CSV 파일 및 관계형 데이터베이스 등에 의존합니다. 이러한 외부 소스에서 추출된 데이터는 LLM에 전달되는 컨텍스트의 구축에 필수입니다. Langchain은 이와 같은 다채로운 데이터 소스의 접근과 검색을 가능하게 하는 모듈과 긴밀하게 통합됩니다.

```
from langchain.document_loaders import TextLoader
loader = TextLoader("./index.md")
loader.load()
```

Langchain의 Textloader 예제

출처: https://python.langchain.com/docs/modules/
data_connection/document_loaders/

Langchain은 외부 소스에서 검색된 데이터를 처리하고, 필요 시 이를 벡터 형태로 변환하여 LLM이 사용할 수 있는 단어 임베딩으로 제공하는 기능을 갖추고 있습니다. OpenAI의 GPT-3.5 모델과 같은 최신 모델들은 이러한 임베딩을 활용해 더욱 풍부한 컨텍스트 정보를 처리할 수 있습니다. Langchain은 이 임베딩 과정을 자동화함으로써, 특정 LLM에 최적화된 임베딩 선택을 용이하게 합니다.

```
embeddings = embeddings_model.embed_documents(
    [
        "Hi there!",
        "Oh, hello!",
        "What's your name?",
        "My friends call me World",
        "Hello World!"
    ]
)
len(embeddings), len(embeddings[0])
```

Langchain의 embeddings 예제

출처: https://python.langchain.com/docs/modules/data_connection/
text_embedding/

LLM에 의해 생성되거나 처리된 임베딩들은 유사성 검색을 위한 벡터 데이터베이스에 저장됩니다.

Langchain은 메모리 내 배열부터 클라우드 기반의 장치에 이르기까지 다양한 벡터 데이터베이스를 지원합니다. Vector DB에는 Chroma, FAISS, Lance 등이 있습니다.

```
import os
import getpass

os.environ['OPENAI_API_KEY'] = getpass.getpass('OpenAI
API Key:')

from langchain.document_loaders import TextLoader
from langchain.embeddings.openai import Open
AIEmbeddings
from langchain.text_splitter import Character
TextSplitter
from langchain.vectorstores import Chroma

# Load the document, split it into chunks, embed
each chunk and load it into the vector store.
raw_documents = TextLoader('../../../state_of_the_
union.txt').load()
text_splitter = CharacterTextSplitter(chunk_
size=1000, chunk_overlap=0)
documents = text_splitter.split_documents(raw_documents)
db = Chroma.from_documents(documents, Open
AIEmbeddings())
query = "What did the president say about Ketanji
Brown Jackson"
docs = db.similarity_search(query)
print(docs[0].page_content)
```

Langchain의 similarity search 예제

출처: https://python.langchain.com/docs/modules/data_connection/vectorstores/

Langchain은 OpenAI, Cohere, AI21 산하의 주류 LLM
은 물론 Hugging Face의 오픈소스 LLM까지 다양한 형태
의 모델을 지원합니다. 이러한 폭넓은 지원 덕분에 개발자들
은 API 엔드포인트 목록의 변경에 유연하게 대응할 수 있으며,
Langchain을 통해 해당 모델들과 쉽게 연결할 수 있습니다.

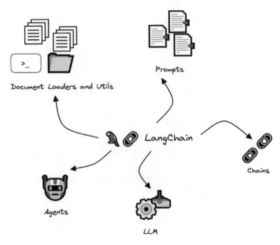

Langchain의 연결 컨셉

출처: https://www.kdnuggets.com/2023/04/
langchain-101-build-gptpowered-applications.html

Langchain은 애플리케이션 내에서 LLM의 효율적인 통합
을 위한 여러 모듈을 제공합니다. 모델 I/O 모듈은 프롬프트
생성, 모델 API 호출, 결과 해석과 같은 작업을 담당하며, 체
인 모듈은 예상되는 응답을 얻기 위한 파이프라인을 설계합니

다. 메모리 모듈은 LLM에 상태 비저장의 한계를 극복할 수 있는 단기 및 장기 메모리를 제공하며, 콜백 시스템은 로깅과 모니터링 같은 중요 작업을 위한 연결점을 제공합니다.

Langchain은 계속해서 발전하는 LLM 기술 환경에 발맞춰 다양한 구성 요소를 지원하며, 개발자 커뮤니티에게 필수적인 도구로 자리 잡고 있습니다. 이러한 진보된 접근 방식은 LLM을 활용하는 애플리케이션 개발의 복잡성을 대폭 줄여주며, Langchain을 통한 LLM 통합은 생산성과 유연성을 크게 향상시킬 것으로 기대됩니다.

6.1.6 LlamaIndex

LlamaIndex는 고급 대화형 AI 시스템과의 인터페이스에서 주요역할을 하는 혁신적인 데이터 프레임워크로서, ChatGPT를 포함한 다양한 대규모 언어 모델(LLM)에 적용됩니다. LlamaIndex의 주된 목적은 사용자의 개인 데이터를 LLM에 연결하고, 이를 통해 모델의 성능을 최적화하는 것입니다. 이 프레임워크는 사용자가 소유한 기존 데이터 소스와 포맷을 원활하게 처리하고, 언어 모델에 적합한 형태로 재구성하여 제공하는 능력을 갖추고 있습니다. 이를 바탕으로 한 검색 기능은 LLM으로부터 입력 프롬프트를 받아 응답을 생성할 때, 관련 데이터를 신속하게 검색하는 데 필수적입니다. 또한, LlamaIndex는 다른 애플리케이션 프레임워크와의 통합을 위한 관문 역할을 수행함으로써, 더 넓은 범위의 소프트웨어 솔루션 내에서 사용될 수 있습니다.

LlamaIndex의 핵심 구성 요소 중 하나는 다양한 데이터 연결 요소입니다. 이 요소는 API 호출, PDF 문서, 일반 텍스트 문서, SQL 데이터베이스 등 매우 다양한 형태의 데이터 소스를 취급하기 위해 설계되었습니다. 데이터 연결 요소는 각기 다른 데이터 형식을 LlamaIndex와 호환되는 형태로 변환하는 과정에서 중요한 역할을 수행하며, 이를 통해 LLM이 접근할 수 있는 구조화된 데이터로 전환됩니다. 이러한 변환 과정은 LLM에 의한 정교한 데이터 해석뿐만 아니라, 효율적인 정보 검색과 데이터 기반 의사결정을 가능하게 합니다.

LlamaIndex의 핵심 구성 요소 중 하나는 다양한 데이터 연결 요소입니다. 이 요소는 API 호출, PDF 문서, 일반 텍스트 문서, SQL 데이터베이스 등 매우 다양한 형태의 데이터 소스를 취급하기 위해 설계되었습니다. 데이터 연결 요소는 각기 다른 데이터 형식을 LlamaIndex와 호환되는 형태로 변환하는 과정에서 중요한 역할을 수행하며, 이를 통해 LLM이 접근할 수 있는 구조화된 데이터로 전환됩니다. 이러한 변환 과정은 LLM에 의한 정교한 데이터 해석뿐만 아니라, 효율적인 정보 검색과 데이터 기반 의사결정을 가능하게 합니다.

```python
from llama_index import download_loader

DatabaseReader = download_loader("DatabaseReader")

reader = DatabaseReader(
    scheme=os.getenv("DB_SCHEME"),
    host=os.getenv("DB_HOST"),
    port=os.getenv("DB_PORT"),
    user=os.getenv("DB_USER"),
    password=os.getenv("DB_PASS"),
    dbname=os.getenv("DB_NAME"),
)
query = "SELECT * FROM users"
documents = reader.load_data(query=query)
```

DatabaseReader 예제

출처: https://docs.llamaindex.ai/en/stable/understanding/loading/loading.html

LLM 사용 시 가장 큰 어려움은 데이터를 쉽게 사용할 수 있는 구조로 구성하는 것입니다. LlamaIndex는 데이터를 인덱스 또는 그래프로 구조화하는 데 필요한 도구를 제공합니다. 고급 검색/쿼리 인터페이스는 LlamaIndex라는 시스템이 단순히 데이터를 처리하고 구조화하는 것뿐만 아니라, 복잡한 검색이나 데이터베이스 조회(query) 기능도 사용자에게 제공하도록 지원합니다. 사용자가 어떤 질문이나 정보를 원할 때 입력하는 문장(입력 프롬프트)을 LlamaIndex에 넣으면, 이 시스템은 필요한 정보를 찾아서 그에 맞는 답변이나 결과를 사용자에게 돌려주는데, 이때 단순한 답변뿐만 아니라, 관련된 배경 지식이나 추가적인 정보도 함께 제공합니다.

LlamaIndex는 외부 애플리케이션 프레임워크와의 쉬운 통합을 가능하게 합니다. LangChain, Flask, Docker, ChatGPT 및 프로젝트에 필요한 다른 도구와 함께 사용할 수 있습니다.

6.2 Fine-tuning

6.2.1 개념 이해

Fine-tuning은 기존에 사전 훈련된 언어 모델을 특정 작업이나 도메인에 맞게 추가적으로 조정하는 과정입니다. 이를 통해 모델은 일반적인 언어 이해 능력에서 한 발짝 더 나아가, 특수한 문맥이나 전문 분야에 적합한 응답을 생성할 수 있게 됩니다. 이를 모델 학습이라고 부릅니다.

6.2.2 Fine-tuning의 중요성

LLM은 광범위한 데이터에 대해 사전 훈련되며, 다양한 범용적인 언어 처리 능력을 갖춥니다. 그러나 특정 업무나 분야에서 보다 높은 성능을 요구할 때, 모델이 해당 분야의 전문 지식이나 특정 스타일을 반영하도록 Fine-tuning이 필요합니다. 예를 들어, 법률적 문서 작성, 의료 정보 해석 등은 특화된 지식이 필요합니다.

Fine-tuning의 절차

1) 사전 훈련된 모델 선택: Fine-tuning을 위한 기초가 되는 강력한 LLM을 선택합니다.

2) 특정 태스크 정의: 어떤 유형의 작업 또는 도메인에 대해 모델을 최적화할지를 결정합니다.

3) 데이터 준비: 해당 태스크에 맞는 고품질의 데이터셋을 준비합니다. 이 데이터는 모델이 학습할 특정 도메인의 패턴과 언어 스타일을 반영해야 합니다.

4) 학습 파라미터 설정: 학습 속도(Learning Rate), 배치 크기(Batch Size), 에폭 수(Epochs) 등의 학습 파라미터를 설정합니다.

5) 학습 및 검증: 사전 훈련된 모델을 준비된 데이터셋으로 학습시키며, 검증 데이터셋을 사용하여 모델의 성능을 평가합니다.

6) 하이퍼파라미터 튜닝: 모델의 성능을 극대화하기 위해 하이퍼파라미터를 조정합니다.

7) 결과 평가 및 테스트: Fine-tuning 후의 모델을 실제 데이터에 적용하여 결과를 평가하고, 필요한 경우 추가 튜닝을 진행합니다.

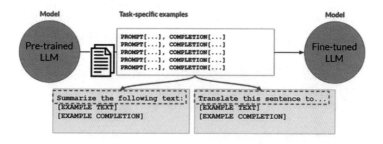

Fine-tuning 방법

출처: https://teetracker.medium.com/fine-tuning-llms-9fe553a514d0

6.2.3 Fine-tuning 방법(PFET vs ROLA)

1) PFET

트랜스포머 기반의 거대 언어 모델들은 현재 다양한 자연어 처리 작업에서 최상의 성능을 보이고 있으며, 컴퓨터 비전 분야와 음성 분야에도 활용되고 있습니다. 그러나 모델들의 크기가 점점 커지면서, 전체 모델을 파인튜닝하는 것은 점차 어려워져가고 있습니다. 이 문제를 해결하기 위해 등장한 것이 바로 Parameter—Efficient Fine—Tuning(PEFT) 방법론입니다.

최근까지 대형 언어 모델(LLM)은 방대한 웹 데이터를 기반으로 사전학습(pre—training)을 거친 후, 특정 하위 과제

(downstream tasks)에 대해서는 추가적인 파인튜닝(fine-tuning) 과정을 거쳐 성능을 극대화하는 전략을 사용해 왔습니다. 이러한 모델들은 감정 분석, 질문 응답 시스템, 문서 요약, 기계 번역 등 다양한 NLP 작업에서 뛰어난 능력을 보였으나, 그 크기가 커짐에 따라 계산 비용과 시간, 저장 공간이라는 실행상의 제약이 점차 문제화되었습니다. 모델이 커질수록 파인튜닝 과정에서 필요한 리소스는 기하급수적으로 증가하고, 최종적으로 얻어진 파인튜닝된 모델을 저장하기 위한 공간도 상당히 커지게 됩니다. 이에 따라, 기존 방식보다 효율적인 대안이 필요하게 되었고, 이런 배경 속에서 Parameter-Efficient Fine-Tuning(PEFT) 방법론이 등장하게 되었습니다.

PEFT는 기존의 대형 언어 모델에서 일부 파라미터만을 선택적으로 조정함으로써, 전체 모델을 파인튜닝할 때 발생하는 과도한 저장공간 및 계산 능력의 소모를 현저히 줄입니다. 이 접근 방식은 모델의 총체적인 성능을 유지하면서도 효율성을 크게 개선합니다. 특히, catastrophic forgetting이라고 불리는 문제, 즉 모델이 새로운 정보를 학습할 때 기존 정보를 상실해버리는 현상을 해결하는 데에도 도움이 됩니다. 추가적으로, PEFT는 적은 양의 데이터로도 효과적인 파인튜닝을 가능하게 하며 다양한 도메인으로의 일반화 능력도 향상시킵니다.

PEFT를 통해 생성되는 체크포인트 파일은 전통적인 전체 모델 파인튜닝 방식에 비해 크기 면에서 상당히 경량화되어 있습니다. 이는 모델을 저장하고 관리하는 데 상당한 이점을 제공하며, 특히 저장 공간이 제한적인 환경에서 중요하게 고려될 수 있습니다. 이와 같이 경량화된 덕분에, 동일한 모델을 다양한 작업에 적용할 수 있게 되어, 모델의 범용성이 증가됩니다.

2) LoRA 그리고 QLoRA

언어 모델링 분야에서, 모델의 미세 조정은 주로 특화된 작업 수행을 위하여 기존의 언어 모델을 조정하는 과정을 말합니다. 이러한 과정에서는 각각의 작업마다 적합한 구조를 도입하는 것이 일반적인데, 이는 작업별 헤드(task-specific heads)라고 불리는 추가적인 신경망 요소를 포함할 수 있습니다. 이러한 구성 요소들은 특정한 작업에 최적화된 결과를 도출하기 위해 필요합니다.

미세 조정의 핵심적인 단계 중 하나는 backpropagation입니다. 이는 학습 데이터를 바탕으로 신경망을 통과한 결과와 실제 목표값 간의 오차를 계산하고, 그 오차를 줄이기 위해 신경망 가중치의 업데이트를 진행하는 과정입니다. 이를 통하여 모델은 주어진 작업에 대한 성능을 점차 개선하게 됩니다.

미세 조정 과정에서 초기 가중치의 설정은 모델의 성능에 큰 영향을 미칩니다. 사전 학습(pre-training) 과정을 통해 얻은 가중치들은 이미 다량의 데이터로부터 유용한 패턴과 정보를 추출하고 내재화한 상태로, 이는 해당 모델이 새로운 작업에 대해 지도 학습을 진행할 때 시작점으로 활용됩니다. 반면, 처음부터 학습(from-scratch training)을 하는 경우, 모델의 가중치는 임의로 초기화되며, 이는 모델이 아무런 사전 지식 없이 학습을 시작함을 의미합니다.

가중치 업데이트 시에는 어떤 가중치를 조정하고 어떤 가중치를 동결할지 결정해야 하는데, 이는 선택한 미세 조정 전략에 따라 달라집니다. 어떤 경우에는 전체 모델의 가중치를 업데이트하는 것이 유리할 수도 있고, 다른 경우에는 특정 층(layer)의 가중치만을 업데이트하거나 동결하는 것이 더 좋은 결과를 가져올 수 있습니다.

이러한 미세 조정 방법론에는 다양한 기법이 있는데, LoRA(Logits Regression with Averaging)와 QLoRA(Quantized Logits Regression with Averaging)는 그중 일부입니다. 이러한 기법들은 모델의 일부분에만 조작을 가함으로써, 전체 모델을 처음부터 다시 학습할 필요 없이, 효율적으로 특화된 작업을 위한 조정을 가능하게 합니다.

전체 미세 조정

전체 미세 조정(Full Fine-tuning)은 사전 훈련된 모델(pre-trained model)을 특정 작업에 최적화하기 위해 전체 모델의 매개변수를 추가 학습시키는 과정을 말합니다. 이 방법은 대규모 데이터셋으로 사전 훈련된 모델이 이미 많은 일반적인 특징과 언어 구조를 학습했다고 가정하며, 더 좁은 범위의 특정 작업(task-specific)에 맞추어 모델을 '재교육'하는 것입니다.

이 방식은 보통 가장 좋은 결과를 가져다주지만, 그 대가로 많은 리소스와 시간을 필요로 합니다.

LoRA, 효율적인 미세 조정

LoRA(Low Rank Adaptation)는 언어 모델을 구성하는 크고 복잡한 가중치(데이터를 처리하는 규칙의 집합) 행렬 대신에, 두 개의 훨씬 작은 행렬을 사용합니다. 이 작은 행렬들은 원래의 큰 행렬과 '유사'하거나 대표할 수 있도록 만들어져 있습니다.

미세 조정 과정에서는 이 작은 행렬들만을 조정하여, 모델이 새로운 작업에 맞게 성능을 향상시킬 수 있도록 합니다. 이 방식이 좋은 점은 모델의 기본 구조를 거의 바꾸지 않으면서도, 효과적으로 새로운 작업을 학습할 수 있다는 것입니다. 그 결과, 모델이 기존에 알고 있던 정보를 잊어버리지 않으면서도 새로운 정보를 더 잘 처리할 수 있게 됩니다.

미세 조정이 완료된 후, 이 작은 행렬들은 원래의 큰 언어 모델에 결합되어, 최종적으로 사용자가 질문에 대한 답변을 얻거나 텍스트를 분석할 때 더 나은 결과를 얻을 수 있게 도와줍니다. LoRA는 전체 모델을 조정하는 것보다 계산 비용이 낮아서 더 효율적이며, 때로는 더 좋은 성능을 내기도 합니다.

QLoRA: 효율적이고 메모리 친화적인 접근법

QLoRA(Quantized Low Rank Adapters)는 LoRA를 더욱 발전시킨 방식으로, 모델의 크기를 줄이고 메모리 사용을 감소시키는 데 초점을 맞춘 접근법입니다.

원래 LoRA는 언어 모델의 가중치를 작은 행렬로 근사하여 미세 조정하는 방법인데, 이 작은 행렬들은 여전히 8비트로 되어 있어서 일정한 메모리 용량을 요구합니다. 반면에 QLoRA는 가중치를 더 작은 비트인 4비트로 축소(양자화)합니다.

양자화는 데이터를 표현하는 비트 수를 줄여서 모델의 크기를 감소시킵니다. 예를 들어, 원래 32비트로 표현되는 부동 소수점 수를 4비트로 줄이면 모델의 크기와 메모리 사용량이 상당히 줄어듭니다. 너무 낮은 비트로 줄이면 성능이 저하될 위험이 있지만, QLoRA는 4비트 가중치로도 LoRA와 유사한 성능을 유지할 수 있도록 설계되었습니다.

이러한 접근은 특히 GPU와 같은 하드웨어 자원이 제한된 환경에서 매우 유용합니다. 모델을 더 적은 메모리로 실행할 수 있기 때문에, 복잡한 모델을 더 작고 저렴한 하드웨어에서도 구동할 수 있도록 하기 때문입니다.

따라서 QLoRA는 미세 조정이 필요한 대규모 모델을 보다 효율적이고 경제적으로 사용하고자 하는 경우에 좋은 선택이 될 수 있습니다.

도구 및 라이브러리

언어 모델의 미세 조정 분야에서 주목할 만한 도구와 라이브러리가 개발되어, 연구자들과 개발자들이 더욱 효율적이고 용이하게 작업을 수행할 수 있게 되었습니다. LoRA(Logits Regression with Averaging) 기법은 Hugging Face의 파라미터 효율적 미세 조정(Parameter-Efficient Fine-Tuning, PEFT) 라이브러리를 통해 구현되어 있으며, 이는 사용자가 쉽게 접근하고 적용할 수 있는 형태로 제공됩니다.

LoRA의 확장된 형태인 QLoRA(Quantized Logits Regression with Averaging)는 bitsandbytes 라이브러리와 함께 Hugging Face의 PEFT를 사용하여 실행할 수 있습니다. 이는 LoRA의

일반적인 개념에 양자화(quantization)를 결합함으로써 학습과 추론의 속도 및 메모리 효율성을 높이는 방식입니다.

또한, Hugging Face 트랜스포머 강화 학습(Transformer Reinforcement Learning, TRL) 라이브러리는 사용자가 LoRA를 쉽게 통합하고 활용할 수 있도록 지원합니다. 특히, 이 라이브러리는 감독 미세 조정(supervised fine-tuning) 과정에서 필요한 다양한 기능을 갖춘 트레이너를 제공하여, 연구자나 실무자가 복잡한 설정 없이도 직관적으로 모델을 조정하고 실험할 수 있게 해줍니다.

이 세 가지 라이브러리는 사용자가 사전 학습된 모델에 대해 미세 조정을 진행하면서, 예를 들어 속성을 기반으로 한 제품 설명 생성과 같은 특정 작업에 최적화된 결과를 도출하는 데 필수적인 도구를 제공합니다. 사용자는 원하는 목표와 요구 사항에 따라 지침을 입력하고 이를 통해 일관되고 설득력 있는 결과물을 자동으로 생성할 수 있는 플랫폼을 갖추게 됩니다.

6.2.4 Fine tuning 시 치명적인 망각 회피 방법

PEFT에서는 LLM의 대부분의 매개변수가 고정되어 있습니다. 고정된 매개변수는 모델이 새로운 정보를 학습하면서도 이전 학습을 유지할 수 있는 안정적인 환경을 조성합니다. 이를 통해, 모델은 새로운 데이터에 의해 기존 지식이 오버라이트되는 현상인 치명적인 망각을 크게 줄일 수 있습니다.

미세 조정 과정에서 PEFT는 전체 모델 가중치를 업데이트하는 대신 소량의 매개변수만 변경합니다. 이렇게 하면 새로운 작업에 대한 추론을 수행할 때 전체 모델을 복제하거나 대체하지 않고도, 원래 모델에 새로운 매개변수를 추가하여 사용할 수 있습니다. 이는 계산 자원과 시간을 아끼고, 전체적인 효율성을 향상시킵니다.

대부분의 매개변수가 고정되어 있기 때문에, PEFT는 전체 LLM 가중치 중 약 15%~20%만을 대상으로 훈련을 진행합니다. 이로 인해 필요한 메모리양과 훈련 비용이 감소하며, 결과적으로 경제적인 미세 조정이 가능해집니다.

LLM의 훈련 과정에서 정규화 기술은 중요한 역할을 수행합니다. 이 기술은 모델의 가중치가 너무 크게 변동하지 않도록 제한함으로써 새로운 정보를 학습하는 동안 이전의 지식을 보존하는 데 기여합니다. 정규화는 모델이 훈련 데이터에 대해 과적합되는 것을 방지하고, 범용성 있는 학습을 유지하며, 중장기적으로 안정적인 성능을 발휘할 수 있도록 돕습니다.

다음은 치명적인 망각을 완화하는 데 사용되는 몇 가지 정규화 기술입니다.

- L2 정규화(L2 Regularization): 이것은 모델의 가중치가 너무 큰 값으로 커지는 것을 방지합니다. L2 정규화는 각 가중치의 제곱값에 비례하여 추가적인 손실을 계산하고, 이 손실을 전체 손실 함수에 더하여 가중치 업데이트 시 그 크기를 제한합니다.
- EWC(Elastic Weight Consolidation): EWC는 신경망이 이전 작업을 얼마나 잘 수행하는지를 측정하고, 중요한 가중치를 변화시키지 않도록 보호함으로써 새로운 작업을 학습할 때도 이전 지식을 유지할 수 있도록 하는 기술입니다.
- Learning Rate Decay: 학습률을 점진적으로 감소시키는 것으로, 초기에는 모델이 빠르게 학습하고, 시간이 지남에 따라 가중치 변경량을 줄여서 안정적인 학습을 유도합니다.

- Dropout: 훈련 과정에서 무작위로 신경망의 일부 연결을 '끊는' 방법입니다. 이는 모델이 특정 가중치에 지나치게 의존하는 것을 방지하여 일반화 능력을 향상시킵니다.

이러한 방법들은 모두 모델이 새로운 데이터에 대해 학습하는 동안 오래된 데이터에 대한 정보를 유지하는 데 도움을 주어, 모델의 장기적인 성능과 유연성을 향상시킬 수 있습니다.

6.3 RAG 적용에 적합한 분야

RAG(Retrieval Augmented Generation)는 대규모 언어 모델(LLM)의 출력 품질을 향상시키기 위한 프레임워크입니다. 이 프레임워크는 모델이 질문에 답변할 때 단순히 사전에 학습된 정보만을 사용하는 것이 아니라, 실시간으로 외부 데이터베이스에 접근하여 필요한 정보를 검색하고 그 내용을 기반으로 답변을 생성하는 방식입니다.

예를 들어, 고객 지원 시스템에서는 항공편 취소와 관련된 질문에 대답할 때 현재의 항공 일정, 정책 변경사항 등 최신의 정보가 필요할 수 있습니다. RAG는 AI 모델이 고객의 질문에 대해 더 정확하고 관련성 높은 답변을 하도록, 신뢰할 수 있는 데이터베이스에서 해당 정보를 검색하여 활용합니다.

RAG에서 사용되는 데이터베이스는 신뢰할 수 있는 출처로부터 선별된 정보를 제공하기 때문에, 모델이 더 신뢰성 있는 최신 정보를 통합할 수 있습니다. 이러한 접근 방식은 단순히 일반적인 지식을 제공하는 것을 넘어서, 특정 상황이나 도메인에 맞는 상세하고 최신의 데이터를 요구하는 애플리케이션에 특히 유용합니다.

엔터프라이즈 커뮤니케이션 또는 시맨틱 검색과 같이 추가적인 상황 정보가 중요한 분야에서도 RAG는 AI 애플리케이션의 성능을 크게 향상시킬 수 있습니다. 예를 들어, 지식 관리 시스템에서 사용자가 특정 주제에 관한 질문을 하면, RAG는 관련 문서나 데이터베이스 항목을 검색하여 가장 관련성 높고 정확한 정보를 제공합니다.

RAG 애플리케이션은 응답을 생성하기 전에 지식 소스에서 관련 정보를 검색하도록 설계되어 벡터 데이터베이스 및 피처 스토어와 같은 정형 및 비정형 데이터 소스를 쿼리하는 데 매우 적합합니다. 또한, RAG는 출력 생성 시 LLM의 정확성과 신뢰성을 높이기 위해 정보를 검색함으로써 환각을 줄이고 훈련 비용을 낮추는 데 매우 효과적입니다. 또한, 모델이 새로운 응답을 생성하기 위해 참조한 데이터의 출처를 알고 있으므로 RAG는 투명성을 제공합니다.

6.4 Fine-tuning 이 필요한 경우

미세 조정(Fine-tuning)은 사전에 대규모 데이터셋에서 훈련된 LLM을 좀 더 특화된 작업이나 도메인에 맞게 조정하는 과정입니다. 이 과정에서 기존 모델의 구조를 '더 작게 나누는' 것이 아니라, 모델의 파라미터(매개변수)와 임베딩을 특정 작업에 적합하도록 조정합니다.

미세 조정은 일반적으로 레이블이 지정된 데이터 세트에서 수행되며, 해당 데이터는 모델이 학습해야 할 도메인의 뉘앙스, 용어, 스타일 등을 반영합니다. 이러한 맞춤형 데이터로 인해, 미세 조정된 모델은 특정 도메인에 대해 더 정확하고 관련성 높은 응답을 생성할 수 있습니다.

예를 들어, 법률, 의료, 기술 지원 등 특정 분야의 전문성이 요구되는 경우, 해당 분야의 전문 용어와 문맥을 이해하는 데 필요한 데이터로 미세 조정한다면 모델은 그 분야에서 더 정확하고 유용한 정보를 제공할 수 있게 됩니다.

또한, 미세 조정은 정보의 편향, 언어의 반복 또는 불일치와 같은 문제를 극복하기 위해 사용될 수 있습니다. 대규모 모델(GPT-3 등)이 일반적인 지식과 패턴을 학습하는 데 강점을 가지는 반면, 미세 조정은 모델이 특정 도메인의 톤이나 스타일을 반영하도록 만들어주기 때문에, 더욱 섬세한 맞춤형 응답을 가능하게 합니다.

연구에 따르면, 특정 작업에 대하여 미세 조정된 소형 모델들이 때로는 대규모 범용 모델보다 우수한 성능을 보일 수 있으며, 비용 효율적인 해결책이 될 가능성을 보여줍니다. 이는 적은 리소스로 특화된 영역에서 높은 성능을 달성할 수 있다는 것을 의미합니다.

RAG와 달리 미세 조정은 더 적은 데이터를 필요로 하지만 더 많은 시간과 계산 자원을 필요로 하는 경우가 많습니다. 또한, 미세 조정은 블랙박스처럼 작동하며 모델은 새로운 데이터 세트를 내재화하기 때문에 새로운 응답의 원인을 정확히 파악하기 어렵고, 환각 문제는 여전히 남아 있습니다.

PART 7

실제 적용 사례

7.1 AOAI를 적용한 정육각의 리뷰 작성 도우미(아서)

'정육각'은 신선 육류 판매 업체로서 '아서(Assistant + Author)'라는 새로운 리뷰 도우미 서비스를 개발했습니다. 아서는 Azure OpenAI GPT-4 기술을 기반으로 하며, 고객이 구매한 제품에 대해 만족도를 표현할 수 있는 맞춤형 리뷰를 작성하는 데 도움을 줍니다.

이 서비스는, 판매방식이 온라인으로 전환되면서 대량의 후기 데이터가 생겼지만, 이 중 많은 후기 데이터의 품질이 낮다는 문제를 발견하면서 시작되었습니다. 기존 시스템이 고객의 실제 만족도나 피드백을 제대로 반영하지 못하는 한계를 가졌기 때문에, 고객에게 더 나은 편리함을 제공하고, 정육각의 서비스 품질을 개선할 수 있는 새로운 해결책이 필요했습니다.

아서의 설계 과정에서는 고객의 이전 리뷰와 구매 기록을 분석하여 각 개인의 문체와 선호도를 파악하고 이를 리뷰에 반영하였습니다. 상황이나 조건에 따라 프롬프트를 유연하게 변경하여 맥락에 맞는 리뷰를 작성할 수 있는 기능도 포함되어 있습니다.

서비스를 도입한 결과, 리뷰 작성률이 증가했고 고객 참여도 역시 높아졌습니다. 고품질의 리뷰가 생성되어 회사의 신뢰성이 향상되었고, 이러한 리뷰들은 마케팅 자료로 활용될 수 있는 가치가 커졌습니다. 또한 GPT-4를 활용함으로써 고객에게 차별화된 경험을 제공할 수 있게 되었습니다.

향후 아서 시스템을 활용하여 마케팅 자동화를 강화하고 타겟팅 광고 전략을 더욱 효과적으로 수립할 계획입니다. 또한 AI를 기반으로 한 고객 서비스 개선과 새로운 상품 개발에 관한 연구를 지속하면서 서비스를 발전시켜 나갈 예정입니다.

7.2 GPT-4를 이용한 초록마을 검색엔진 만들기

초록마을은 유기농 농산물 온라인 판매 업체로서 회사 웹사이트 내에 사용자 친화적인 검색엔진을 구축하기 위해 GPT-4와 Azure Cognitive Search를 결합한 혁신적인 프로젝트를 진행하고 있습니다. 이 회사는 사용자들이 제품명을 정확히 기억하지 못해 발생하는 검색의 어려움과 복잡한 카테고리별 검색으로 인한 불편함을 해결하고자 했습니다.

이 문제에 대응하여 초록마을은 Azure Cognitive Search의 고급 데이터 전처리 및 인덱싱 기능을 활용하고, 여기에 GPT-4의 자연어 처리 능력을 통합하여, 사용자가 자연어로 질문하면 더욱 정확하고 관련성 있는 결과를 즉시 제공할 수 있는 검색 시스템을 개발했습니다.

이 새로운 서비스의 도입으로 사용자 만족도가 크게 향상되었으며, 검색에 소요되는 시간이 단축되고 사용자 경험도 개선되었습니다. 제품을 찾기가 한층 더 쉬워짐에 따라, 판매 전환율이 상승했습니다.

초록마을은 검색 기능을 지속해서 업그레이드하고 최적화할 계획입니다. 또한, 다양한 사용자 인터페이스에 맞춰 검색 엔진을 통합할 수 있는 API를 개발하여, 서비스의 접근성과 활용

범위를 넓혀갈 예정입니다.

7.3 A사의 GPT를 이용한 문서 검색 시스템

화학 관련 기업인 A사는 GPT-4를 이용하여, 사내에서 발생하는 방대한 논문과 기술 문서를 효율적으로 검색할 수 있는 애플리케이션을 개발했습니다. 이 회사는 화학 산업 분야 특유의 복잡한 용어와 데이터를 처리할 수 있는 지능형 검색 시스템의 필요성을 인식하고 있었고, 전문적인 사내 문서들을 제대로 검색하기 위해 프롬프트 엔지니어링을 통한 '화학 전문가 모드'라는 페르소나를 도입하였습니다. 이 모드는 문서의 전처리와 고급 프롬프트 엔지니어링을 통해 사용자들이 필요로 하는 정보를 빠르고 정확하게 찾을 수 있도록 합니다.

이렇게 설계된 서비스는 문서 검색 속도와 정확도를 크게 향상시켰으며, 그 결과 R&D 팀의 생산성을 향상시켰습니다. 또한, 사용자 맞춤 검색 경험을 제공함으로써, 사용자들의 만족도를 높이는 데 성공했습니다.

앞으로도 AI를 활용한 문서 관리 및 자동화 시스템을 지속해서 발전시켜나갈 계획이며, 더 고급스러운 문서 분석 방법과 데이터를 예측하는 모델을 개발하여 화학 분야에 특화된 지식 관리 시스템을 강화할 예정입니다.

7.4 B사의 사내 기술 문서를 기반으로 GPT를 통한 질의응답

철강 분야의 선도 기업인 B사는 고도로 전문화된 기술을 바탕으로 철강 관련 제품과 서비스를 제공하고 있습니다. 이 회사는 사내에 방대한 기술 문서를 보유하고 있으며, 임직원들이 필요한 정보를 신속하고 정확하게 찾을 수 있도록 지원함으로써 업무 효율성을 증진하고자 합니다.

B사가 직면한 주요 과제는 내부에서 사용하는 기술 문서의 양과 복잡성으로 직원들이 필요한 특정 정보를 찾기가 어렵다는 점입니다. 문서 검색을 위해 비효율적인 작업 흐름이 발생하고 있었습니다.

이 문제를 해결하기 위해 B사는 Azure 기반의 ChatGPT를 도입하였고 다음과 같은 경험을 확보했습니다.

1) 직원들이 구체적이고 명료한 질문을 할 수 있도록 유도하는 커스텀 프롬프트를 설계하여 질문의 품질을 높였습니다. 이는 질문자가 원하는 바를 명확하게 표현할 수 있도

록 돕는 역할을 합니다.

2) 기업의 민감한 정보 보호를 위해 모든 질의응답 시스템 데이터는 방화벽 및 Private Link를 통해 안전하게 관리됩니다. 이러한 보안 조치는 기업 정보의 기밀성을 유지하는 데 중추적인 역할을 합니다.

3) GPT 모델을 활용하여 기술 전문 문서 대상 질의응답 시스템을 개발하였습니다. 이 시스템은 기술 문서에 대한 깊이 있는 답변을 제공함으로써, 직원들이 신속하게 필요한 정보를 얻을 수 있도록 지원합니다. 이러한 질의응답 시스템의 개발은 직원들의 작업 효율성과 생산성을 크게 향상시키는 결과로 이어졌습니다.

7.5 C 보험사 보험 약관을 대상으로 한 질의응답

보험사인 C사는 보험 약관의 중요성을 잘 인식하고 있으며, 이를 고객과 직원 모두가 쉽게 이해하고 활용할 수 있도록 만드는 것이 중요한 과제로 여겨졌습니다. 복잡한 보험 약관 때문에 고객 서비스 팀은 다양한 문의 사항에 직면하고 있었고, 이는 고객 만족도와 업무 효율성에 부정적인 영향을 주고 있었습니다.

보험 약관의 복잡성과 방대한 양으로 인해 직원들은 특정 조항이나 용어에 대한 고객의 질문에 신속하고 정확하게 답변하기 어려운 상황에 놓여 있었습니다. 이 문제를 해결하기 위해 C사는 GPT 기술을 활용한 질의응답 솔루션을 도입했습니다.

C사는 다음과 같은 방법으로 문제를 해결하고자 했습니다.

1) 문서 내 특정 필터링 추가: 보험 약관 문서에서 필요한 정보를 즉시 찾아낼 수 있도록 문서 필터링 기능을 추가하여, 고객 서비스 팀의 검색 능력을 향상시켰습니다.

2) 테라바이트 단위의 문서 Vectorizing: 방대한 양의 문서를 효과적으로 처리하기 위해 TB 단위의 대상 문서를 벡터화하여 검색 시간을 단축시키고, 검색 결과의 정확도를 높였습니다.

3) Azure OpenAI 서비스: Azure 클라우드 서비스와 OpenAI의 기술을 결합함으로써 최적화된 질의응답 시스템을 구축하여, 고객과 직원 모두에게 신속하고 정확한 정보 접근성을 제공했습니다.

기술적 개선을 통해 C사는 보험 약관의 복잡함을 줄이고, 고객 서비스의 질을 높일 뿐만 아니라 내부 업무의 효율을 크게 개선했습니다. 이러한 발전은 정보 접근성과 데이터 관리의 질을 높임으로써 회사의 전반적인 서비스 품질을 향상시키는 결과를 가져왔습니다.

7.6 배달의 민족, LLM과 ChatGPT의 미래 활용 사례

배달의 민족은 최근 사용자가 원하는 상황에 적합한 메뉴를 찾을 수 있도록 인공지능(AI) 생성 기능을 이용한 메뉴 추천 서비스를 시작했습니다. 이전까지의 메뉴 검색 시스템은 사용자에게 많은 검색 부담을 주었고, 이러한 불편함을 개선하기 위해 생성 AI 기술 적용이 필요하다고 판단되었습니다.

생성 AI 기술을 이용해, 사용자 리뷰 데이터를 활용한 각 사용자의 취향과 선호에 맞춘 개인화된 메뉴 추천 시스템을 구축했습니다. 또한, 프롬프트 엔지니어링과 LLM 기술을 접목시켜 사용자 경험을 개선하고 생산성을 향상시킬 방안을 모색했습니다.

기술적 혁신을 고려하여 배달의민족 앱은 Microsoft Azure OpenAI Service 및 GPT-4 모델을 바탕으로 한 프롬프트 엔지니어링을 도입하여 개발을 진행하였습니다. 이 과정에서 사용자 리뷰 데이터를 분석하여 상황과 맛을 고려한 메뉴를 추천할 수 있는 시스템을 설계했습니다. 실시간 채팅을 대체하는 것이 아니라, 안전성을 보장하는 컨텍스트 기반의 서비스로 구성되었고, 이를 위해 설정한 가이드라인을 통해 GPT 모델이 제공하는 출력물을 조정하여, 가시적인 성과를 도출했습니다. UX 디자인과 프롬프트 엔지니어링을 결합하여 서비스의 질을 더욱 높였습니다.

서비스는 '가족과 함께 즐길 수 있는 메뉴'와 같이 사용자의 요청 상황에 기반한 메뉴를 추천합니다. 다양한 카테고리와 키워드를 기반으로 한 기획전을 생성하여 노출시키며, 사용자의 요구에 부응하는 동적인 카테고리를 제공합니다.

서비스의 지속적인 고도화와 문제 해결을 위해 UX 작가와 함께 프롬프트 엔지니어링을 통한 품질 튜닝 작업을 진행하였으며, 튜링 테스트를 통해 그 안전성을 확인하였습니다.

배달의 민족은 LLM과 ChatGPT 기술을 활용하여 정교한 사용자 맞춤형 메뉴 추천 시스템을 개발하였고, 이를 통해 고객의 경험을 혁신적으로 개선하고 내부적인 작업 효율성을 높였습니다. 이러한 기술적 접근은 향후 다른 기업들이 자신들의 비즈니스에 AI를 어떻게 도입하고 활용할 수 있는지에 대한 새로운 방향을 제시할 것으로 보입니다.

PART 8

책을 마무리하며

이 책을 집필하기에 앞서, 저는 약 1년간 대규모 언어 모델 (Large Language Model, LLM)에 관한 프로젝트를 수행하면서 고객의 요구사항을 충족시키기 위해 노력했습니다. 그 과정에서 매일 변화하는 기술적 상황과 시장의 동향을 면밀히 분석하고 정리해왔습니다. 이 경험은 저에게 LLM의 발전 가능성과 그 한계를 심도 있게 이해할 기회를 제공하였습니다.

8.1 초거대 언어모델(LLM)과 소형 언어모델(sLLM)의 양분화

최근 몇 년간 AI 분야는 LLM의 발전에 힘입어 엄청난 진전을 이루었습니다. GPT-4와 같은 모델들은 수조 개의 파라미터를 활용하여 인간과 유사한 자연스러운 언어 생성 능력을 보여주고 있습니다. 그러나 이러한 기술의 폐쇄적 사용에 대한 우려와 함께, 메타와 같은 회사들은 연구 및 기술 혁신을 위해 sLLM을 오픈소스로 제공함으로써 양분화된 접근 방식을 취하고 있습니다. 이러한 움직임은 AI 기술의 잠재력을 극대화하고, 동시에 각각의 위험성을 관리하기 위한 다양한 전략을 반영합니다.

8.2 Multi Model(멀티모달) AI를 통한 다양한 소스의 연결

멀티모달 AI는 텍스트, 이미지, 음성 등 여러 형태의 데이터를 처리할 수 있는 능력을 의미합니다. 구글의 Gemini와 OpenAI의 GPT-Vision은 멀티모달 AI 기술의 최전선에 서 있으며, 음식 사진에서 레시피를 추출하거나 물류 최적화 시뮬레이션 결과를 그래프로 변환하는 등의 복잡한 작업을 수행할 수 있습니다. 이러한 기술은 의료, 자동차, 유통 등 다양한 산업 분야에 혁명적인 변화를 가져올 것으로 기대됩니다.

8.3 GPT 생태계의 생성과 개발자들의 교류 촉진

GPT의 새로운 버전인 GPT-4 Turbo with vision과 DALL-E 3의 출시는 비주얼 데이터를 처리할 수 있는 기능을 추가함으로써 AI의 사용 범위를 대폭 확장시켰습니다. OpenAI에서 제공하는 Assistants API를 통해 개발자들은 고품질의 AI 애플리케이션을 더욱 쉽게 구축할 수 있게 되었습니다. 이러한 플랫폼과 도구들은 개발자들이 서로의 경험과 지식을 공유하고 협력하는 강력한 커뮤니티를 형성할 수 있는 기반이 되고 있습니다.

8.4 기술의 오픈소스화 대 개발의 규제 필요성

OpenAI사의 일리야 수츠케버는 AI 기술 규제의 필요성을 강조합니다. 이는 기술의 안정성을 확보하고 잠재적인 위험으로부터 사회를 보호하고자 하는 의도입니다. 반면, 메타와 Hugging Face와 같은 플랫폼들은 기술의 개방을 통해 더 넓은 혁신과 발전을 추구하며, 이는 AI 기술의 민주화와 경쟁력 강화로 이어질 수 있습니다.

AI 기술의 미래는 규제와 개방 사이의 균형에서 결정될 것입니다. 이는 LLM과 sLLM의 양분화뿐만 아니라, 멀티모달 AI의 진화와 GPT 생태계의 확장을 통해 형성된 개발자 커뮤니티의 교류를 포함하는 복합적인 요소들에 의해 영향을 받을 것입니다. 이러한 과정에서 데이터 프라이버시, 안전성, 윤리적 사용에 대한 고려가 필수적일 것임은 분명합니다.

8.5 LLM의 미래

GitHub Copilot은 21세기 프로그래밍 환경에 혁신적인 변화를 가져왔습니다. 인공지능이 소프트웨어 개발의 일부가 되면서, 개발자들은 지금까지 경험하지 못한 차원의 생산성 향상을 목격하고 있습니다. 이러한 발전의 중심에는 OpenAI의 GPT가 자리 잡고 있습니다.

GitHub Copilot은 본질적으로 GPT 기반의 AI 도우미로, 코드 제안에서 오류 수정, 심지어 새로운 알고리즘의 작성까지 다양한 영역에서 프로그래머를 지원합니다. 이는 초보 개발자로 하여금 빠르게 학습할 수 있는 환경을 제공함은 물론, 경험 많은 개발자에게도 복잡한 문제를 해결하는 데 있어 귀중한 도구가 되어줍니다.

사용자 수가 100만 명을 넘어서면서 GitHub Copilot은 단순한 실험을 넘어서 업계 표준처럼 자리 잡았습니다. 많은 개발자가 이 도구의 효율성과 편리함을 인정하며 만족스러운 피드백을 보내고 있습니다. 이는 단순히 코드를 작성하는 행위를 넘어서, 개발자들이 더 창의적이고 직관적으로 문제를 해결할 수 있는 방법을 모색하게 합니다.

LLM은 다양한 분야에서 혁신을 가속화할 잠재력을 갖고 있습니다. 예를 들어, 의료 분야에서는 연구 논문을 분석하여 새로운 치료법을 제안할 수 있으며, 법률 분야에서는 판례 데이터를 기반으로 정확한 법률 조언을 할 수 있습니다. 여기에 프로그래밍이 결합되면, 끊임없이 변화하는 데이터로부터 실시간으로 적응하고 배우는 소프트웨어가 가능해집니다.

LLM은 교육 방식에도 혁명을 일으킬 것입니다. 개인 맞춤형 학습 경로 제공부터 언어 장벽 없는 전 세계적인 지식 공유까지, 학습의 진입장벽을 낮추고, 궁극적으로는 지식의 민주화를 이루는 데 기여하게 될 것입니다.

구직 시장에서도 LLM의 영향은 무시할 수 없습니다. 단순 반복 작업에서부터 전문적인 분석 작업에 이르기까지, 많은 직업들이 LLM의 도움을 받아 변모하거나 새롭게 생성될 것입니다.

사회는 이러한 변화에 적응하기 위해 교육 체계와 일자리 훈련 프로그램의 혁신이 요구될 것입니다.

8.6 우리의 준비

LLM은 우리가 살아가는 세상이 얼마나 빠르게 변화하고 있는지를 매우 잘 보여주는 예시 중 하나입니다. 이 기술은 매일, 심지어는 매시간 변화하고 발전하고 있습니다. 그렇기 때문에 LLM 관련 기술 트렌드를 파악하고 이해하는 것은 단순히 관심사로서의 차원을 넘어, 필수적인 부분으로 자리 잡아가고 있습니다.

LLM은 AI의 한 분야일 뿐이지만, 그 영향력과 가능성은 무한합니다. 고도의 자연어 처리 기능을 구현하면서, 인간과 기계 간의 소통을 보다 원활하게 만들어주는 이 기술은 우리 생활의 많은 부분을 새롭게 바꾸고 있습니다.

때문에, 이러한 기술 동향을 계속해서 주시하며 최신 정보를 습득하는 것은 필수적입니다. 이는 단순한 학문적 호기심뿐 아니라, 우리 모두가 더욱 풍요로운 미래를 위해 앞장서야 할 책임과도 같습니다.

이 과정은 절대 쉽지 않습니다. 변화는 항상 빠르며, 항상 새로운 도전을 요구합니다. 하지만 그렇기에 이것은 역설적으로 우리에게 새로운 기회를 제공합니다.

이러한 변화의 흐름에 뒤처지지 않기 위해, 우리 모두가 계속해서 LLM에 대한 공부와 연구를 꾸준히 이어나가야 합니다. 그리고 이런 지식이 곧 우리의 미래를 준비하는 발판이 될 것입니다.

따라서, 각자의 위치에서 LLM을 탐구하고, 이해하고, 활용하는 데 필요한 노력을 기울이는 것이 중요합니다. 이를 통해 우리는 변화하는 세상을 보다 능동적으로 대응하고, 이를 기반으로 새로운 가치를 창출해나갈 수 있을 것입니다.

이 LLM의 흥미로운 여정에서 우리 모두가 함께 나아갈 수 있기를 바랍니다. 이 책이 그러한 여정의 첫걸음이 되길 희망하며, 최선을 다해 앞으로도 계속 공부하고 탐구해 나가기를 격려합니다.

모두 파이팅하십시오!

부록 1. LLM 모델에서 Parameter란

1) LLM의 파라미터 개요

LLM은 수십억 개에서 수조 개 이상의 파라미터를 포함할 수 있으며, 이러한 파라미터는 모델의 '뇌'와 같은 역할을 하여 복잡하고 다양한 언어 패턴을 학습, 저장 및 재현합니다. 파라미터란 간단히 말해 모델의 가중치(weight)를 의미하는데, 이는 훈련 과정 중에 입력 데이터로부터 계산되고 모델의 예측 성능을 최적화하기 위해 조정됩니다.

2) 파라미터의 종류

LLM 내에는 주로 다음 두 종류의 파라미터가 존재합니다.

- 가중치(Weights): 모델의 연결마다 할당된 수치로서, 입력 데이터의 중요도를 조절합니다. 이러한 가중치들은 학습 과정에서 계속해서 조정되며, 모델이 문맥을 이해하고 패턴을 인식하는 데 필수적입니다.
- 편향(Biases): 각 뉴런(neuron)에 추가되는 값으로서, 활성화 함수(activation function)의 출력을 조절하여 더 복잡한 패턴을 모델링하도록 돕습니다.

언어 모델의 성능은 종종 그것이 가진 파라미터(parameter)의 수, 즉 모델의 '용량(capacity)'으로 설명됩니다. 크기가 더 큰 모델, 즉 더 많은 파라미터를 가진 모델은 일반적으로 더 복잡한 언어 구조를 학습하고 이해할 수 있습니다. 이러한 파라미터는 실제로 인간의 언어 사용을 모델링하기 위한 신경망의 연결 강도를 나타내며, 'billion(십억)' 단위나 'trillion(조)' 단위로 측정됩니다.

(1) Billion Parameters

언어 모델이 십억 개(billions)의 파라미터를 가지고 있을 때, 우리는 그것을 billion-scale language model이라 부릅니다. 예를 들어, GPT-2와 같은 모델이 여기에 속하며, 대략 1.5B(15억)개의 파라미터를 가집니다. Llama2는 7B, 13B, 50B 등의 모델들이 있습니다. 이러한 모델들은 이미 상당히 정교한 언어 이해 능력을 보여주며, 자연스러운 텍스트 생성, 기본적인 질문에 대한 답변 제공, 간단한 요약과 번역 등의 작업을 수행할 수 있습니다.

(2) Trillion Parameters

모델의 파라미터 수가 조(trillions) 단위에 이르면, 우리는 그것을 trillion-scale language model이라 부릅니다. 이러한 모델은 더욱 발전된 이해력과 생성 능력을 가지고 있습니다. 예를 들어, GPT-3는 약 175B(1750억)개의 파라미터를 가지고 있으며, 이는 그 이전 모델인 GPT-2에 비해 큰 폭으로 증가한 것입니다. 이러한 규모의 모델은 더욱 복잡한 텍스트를 이해하고 생성할 수 있으며, 더욱 정교한 언어 작업을 수행할 수 있습니다. 예를 들어, 고급 번역, 복잡한 질문에 대한 답변, 전문 지식을 필요로 하는 주제에 대한 글쓰기, 미묘한 언어 뉘앙스의 처리 등이 가능합니다.

3) 파라미터 크기에 따른 성능

파라미터의 규모가 클수록 모델은 일반적으로 더 많은 언어 데이터로부터 학습할 수 있으며, 더 다양한 문맥과 뉘앙스를 포착할 수 있습니다. 이는 모델이 더 풍부하고 정확한 텍스트를 생성하도록 돕습니다. 하지만, 모델의 크기가 커질수록 필요한 계산 자원도 기하급수적으로 증가하고, 학습과 추론 시간도 늘어납니다. 또한, 모델의 크기가 너무 커지면 데이터셋이 충분하지 않을 경우 과적합(overfitting)의 위험이 커지기도 합니다.

따라서, 실제 응용에서는 모델의 크기와 성능 사이에 최적의 균형을 찾는 것이 중요합니다. 이는 사용 가능한 데이터의 양, 계산 자원, 그리고 특정 작업의 요구 사항을 고려하여 결정됩니다.

부록 2. GPT 프로젝트 경험

AOAI(Azure OpenAI) 기반의 RAG를 다양한 국내 기업들을 대상으로 구축하며 얻은 경험을 아래의 마인드맵으로 정리해 보았습니다.

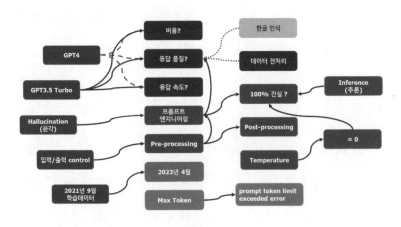

GPT 경험 마인드맵

GPT-4는 응답 품질이 좋으나 GPT-3.5 Turbo에 비해 느리고(체감상 약 2배), 비용은 약 30배 비쌉니다. 최근, OpenAI Conference 2023에서 GPT-4 Turbo가 발표되었고, 비용면에서 GPT-4에 비해 27% 할인되었음을 밝혔습니다.

아래 OpenAI 공식 문서에서 GPT-4가 GPT-3.5 Turbo보다 성능이 약 20% 앞서는 것을 알 수 있습니다. (영문 기준)

Benchmark	GPT-4 Evaluated few-shot	GPT-3.5 Evaluated few-shot	LM SOTA Best external LM evaluated few-shot	SOTA Best external model (incl. benchmark-specific training)
MMLU 57개 과목, 객관식 문항(전문&학술)	86.4% 5-shot	70.0% 5-shot	70.7% 5-shot U-PaLM	75.2% 5-shot Flan-PaLM
HellaSwag 일상적인 사건에 대한 상식적인 추론	95.3% 10-shot	85.5% 10-shot	84.2% LLAMA (validation set)	85.6% ALUM
AI2 Reasoning Challenge(ARC) 초등학교 객관식 과학문제 도전 세트	96.3% 25-shot	85.2% 25-shot	84.2% 8-shot PaLM	85.6% ST-MOE
WinoGrande 대명사 분해에 관한 상식적 추론	87.5% 5-shot	81.6% 5-shot	84.2% 5-shot PALM	85.6% 5-shot PALM
HumanEval 파이썬 코딩 테스크	67.0% 0-shot	48.1% 0-shot	26.2% 0-shot PaLM	65.8% CodeT + GPT-3.5
DROP (f1 score) 독해력과 산술력	80.9 3-shot	64.1 3-shot	70.8 1-shot PaLM	88.4 QDGAT

출처: https://openai.com/research/gpt-4

GPT-3.5 Turbo와 GPT-4의 답변 성능 비교

출처: https://OpenAI.com/research/gpt-4

이는 영문 기준의 데이터이며, 한글 기준일 때는 차이가 더 나게 됩니다. OpenAI에서 발표한 자료를 보면 GPT-4의 한국어 이해 능력은 77%입니다. 따라서 GPT-3.5 Turbo의 한국어 이해력은 이보다 낮을 것이라는 것을 유추할 수 있으며, 이는 고객사 프로젝트에서 직접 경험한 결과입니다.

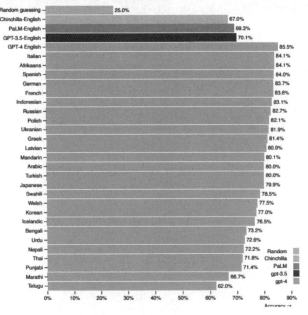

GPT의 한국어 이해능력

출처: https://cdn.OpenAI.com/papers/gpt-4.pdf

GPT 3.5 Turbo는 GPT 4에 비해 응답 품질이 상대적으로 높지 않음

(한글 인식률 등)

할루시네이션(환각)은 언어 모델을 개발하고 응용하는 과정에서 항상 도전적인 문제였습니다. GPT와 같은 대규모 언어 모델의 가능성을 탐구하며, 이러한 문제를 예방하고 극복하기 위해 다양한 시도를 했습니다.

프롬프트 엔지니어링은 그중 하나였습니다. "사실에 입각해서 답변을 생성해줘(Generate an answer based on the facts.),"라는 지시를 명확히 포함하여 모델이 실제 데이터에 기반한 답변을 생성하도록 유도했습니다. 더불어 RAG(Retrieval Augmented Generation) 기반 시스템을 사용하여 답변이 인용된 출처를 보여주게 함으로써, 답변의 근거를 강화하려고 했습니다.

언어 모델의 'Temperature(온도)' 설정도 참고할 수 있습니다. Temperature는 모델이 얼마나 예측 가능하거나 창의적일지를 결정하는 파라미터입니다. 일반적으로 0에 가까울수록 더 확신에 찬, 더 자주 등장하는 단어나 구문을 선택합니다. 이론적으로는 Temperature를 0으로 설정하면 환각을 크게 줄일 수 있겠지만, 실제로는 그렇게 간단하지 않았습니다.

이러한 경험을 기반으로 이 설정들을 활용하여 LLM 모델을 상업적 애플리케이션에 적용했습니다. 고객에게 제공되기 전, 모델은 철저한 테스트를 거쳤으며, 긍정적인 결과를 기대했습니다. 그러나 GPT는 예상치 못한 방식으로 기대를 뒤엎었습니다. 사실 기반의 지침과 Temperature 조절에도 불구하고, 모델은 때때로 창의적인, 혹은 말 그대로 '창조적인' 답변을 내놓았습니다.

이는 inference(추론) 시스템의 한계인데, 앞에 나온 단어를 이용하여 뒤의 말을 추론하는 방식이므로 생성형 AI가 가진 한계로 보아야 합니다. 또한, 아래 각 LLM 모델별 학습 데이터를 보면 GPT-3은 약 84%의 학습 데이터가 웹페이지임을 알 수 있습니다. 웹페이지 자체의 내용들이 모두 진실은 아니므로 이를 바탕으로 대답하는 GPT가 어떤 대답을 할 것인지 예측할 수 있습니다.

많은 기업은 데이터의 Ingest 시와 답변 시 제어를 하기를 원합니다. 그래서 데이터 Ingest 시에는 Preprocessing이 필요하고, 답변 이전에 출력을 제어(금칙어 제거 등)할 수 있는 Postprocessing 기능을 요구하고 있으며 많은 개발이 진행되고 있습니다. 이는 고객의 요구 조건 및 데이터에 따라 case by case로 진행되어야 하는 부분입니다.

GPT-4와 3.5 Turbo는 2021년 9월 이전 데이터로 Pretraining 되어 있습니다. 이로 인해 많은 고객들은 GPT가 최신 데이터에 대해 모르는 것을 걱정합니다. 이를 극복하기 위해서, 앞에서 설명한 RAG와 Fine-tuning을 이용해 최신 데이터를 검색, 학습할 수 있으며, OpenAI conference 2023

에서 발표한 GPT-4 Turbo는 2023년 4월 데이터까지 학습했다는 희소식이 있었습니다.

앞에서 언급했듯이, Temperature 값을 0으로 설정함으로써, 최대한 진실된 답변이 나오기를 기대했으나 이 설정이 생성형 AI의 근간인 '생성'을 억제하는 요인이 되면서 GPT가 답변을 못 하는(i don't know answer) 현상도 나타났습니다. 이를 통해 Temperature 값을 0으로 설정하기보다는 0.1~0.2로 설정해야 가장 확률이 높은 출력만을 리턴하고 응답의 질이 더 좋아졌음을 확인했습니다.

일반적으로 아래와 같은 에러를 수시로 접하게 되는데

"This model's maximum context length is 4097 tokens. However, you requested 4162 tokens(66 in the messages, 4096 in the completion). Please reduce the length of the messages or completion."

이는 GPT의 학습 데이터의 처리 능력, 계산 비용, 응답의 적절성에 기인한 것입니다. GPT-4는 최대 32K 그리고 새로 발표된 GPT-4 Turbo는 128K를 지원한다고 합니다. (128K는 문서 300장 분량) 결국 더 높은 token을 지원하는 모델을 사용하여 에러를 회피하거나 요약(summary) 등을 통해 질의응답의 길이를 줄이는 방법을 사용함으로써 해결했습니다.

부록 3. Azure OpenAI Playground(RAG)

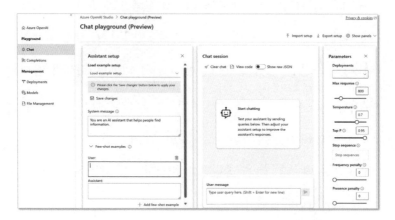

Azure OpenAI Studio에서 Chat playground에 질의응답을 사용

Playground의 설정값들은 사용자가 대화형 AI와 효율적으로 상호작용하기 위해 조정할 수 있는 일련의 파라미터입니다. 이러한 파라미터들은 AI의 응답이 사용자의 목적에 맞게 최적화될 수 있도록 다양하게 구성할 수 있습니다.

Temperature(온도)

이는 결정론과 창의성 사이의 균형을 조절하는 파라미터입니다. 낮은 값은 더 예측 가능하고 구체적인 질문에 대하여 정확한 답변을 생성하도록 합니다. 반대로, 높은 값은 AI가 더욱 창의적이고 독창적인 내용을 생성하게 하여 예를 들면 시나 소설 작성 등의 태스크에서 풍부한 상상력이 요구될 때 유용합니다.

Top P(상위 P)

이것은 응답의 다양성을 미세 조정하는 데 사용되는 파라미터입니다. 낮은 값을 설정함으로써, AI는 가장 가능성 있는 단어나 구문을 선택하여 높은 정확성을 지닌 답변을 생성합니다. 반대로 높은 값은 AI가 제시할 수 있는 아이디어의 범위를 확장하여 더욱 다양하고 참신한 답변 스타일을 탐구하게 합니다.

Max Length(최대 길이)

이는 AI가 생성하는 응답의 최대 길이를 조절합니다. 특정 주제나 문맥에 부합하는 적절한 길이의 답변이 필요할 때 유용하며, 너무 장황하거나 주제에서 벗어난 응답을 방지하고자 할 때 설정값을 조정합니다.

Stop Sequences(중지 시퀀스)

특정 패턴이나 단어가 나타날 때 AI가 응답을 중단하도록 하는 기능입니다. 예를 들어 목록 항목을 10개로 제한하고 싶을 때 '11'이라는 숫자를 중지 시퀀스로 설정하면, 11번째 항목에서 AI가 더 이상의 내용을 생성하지 않습니다.

Frequency Penalty(빈도 페널티)

AI가 동일한 단어나 구를 반복해서 사용하는 것을 방지합니다. 이를 통해 AI의 응답이 더 다양하고 자연스럽게 유지될 수 있도록 돕습니다.

Presence Penalty(존재 패널티)

이는 이미 언급된 개념이나 주제에 대한 AI의 경향성을 조절합니다. 존재 패널티 값을 증가시키면 AI는 더욱 독창적이고 다양한 콘텐츠를 생성하려는 경향이 있으며, 감소시키면 이미 언급된 내용에 대해 더욱 포커싱하여 응답합니다.

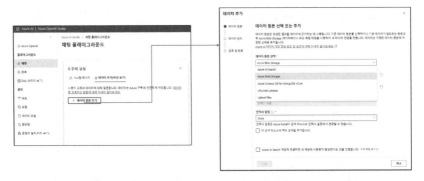

RAG 기법의 이용한 문서 업로드 후 이를 바탕으로 한 질의응답

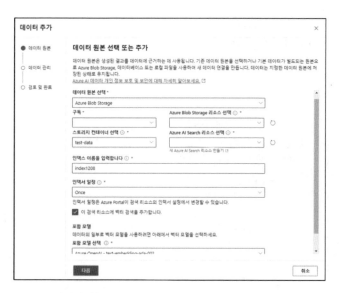

데이터 원본 선택을 Azure Blob Storage로 할 때

검색 유형 선택 – 벡터, 하이브리드(벡터 + 키워드), 하이브리드 + 의미 체계

전처리 및 인덱싱 상태 표시가 완료되면 질의응답 가능

참고 자료

01) A Survey of Large Language Models

→ https://arxiv.org/abs/2303.18223

02) The Moat for Enterprise AI is RAG + Fine-tuning
— Here's Why

→ https://www.montecarlodata.com/blog-the-moat-
for-enterprise-ai-is-rag-fine-tuning/

03) Fine-tuning LLMs

→ https://teetracker.medium.com/fine-tuning-
llms-9fe553a514d0

04) Llamaindex

→ https://www.llamaindex.ai/

05) Langchain

→ https://python.langchain.com

06) Distance Metrics in Vector Search

→ https://weaviate.io/blog/distance-metrics-in-
vector-search

07) 작지만 똑똑한 AI - sLLM 시대 온다

→ https://www.mk.co.kr/news/it/10791394

08) Mistral-7B

　→ https://huggingface.co/mistralai/Mistral-7B-v0.1

09) Llama2 70B

　→ https://huggingface.co/meta-llama/Llama-2-
　　70b-chat-hf

10) 구글 PaLM 2, 더 작아졌지만 더 많이 공부했다

　→ https://zdnet.co.kr/view/?no=20230519112943

11) OpenAI

　→ https://OpenAI.com

12) LLM과 함께 뜨는 중… 개발자를 위한 '랭체인' 안내서

　→ https://www.ciokorea.com/column/305341#csidx7a
　　a8f2f547f033fb4276fe6aac3b8a2

13) GPT-4 Technical Report

　→ https://arxiv.org/abs/2303.08774

14) Gemini: A Family of Highly Capable Multimodal
　　Models

　→ https://storage.googleapis.com/deepmind-media/
　　gemini/gemini_1_report.pdf

15) Azure AI Studio

→ https://learn.microsoft.com/ko-kr/azure/ai-studio/what-is-ai-studio?tabs=home

16) Azure Playground

→ https://learn.microsoft.com/ko-kr/azure/ai-services/OpenAI/chatgpt-quickstart?tabs=command-line%2Cpython&pivots=programming-language-studio

17) MS, LLM보다 추론 능력 뛰어난 sLLM '오르카 2'출시

→ https://www.aitimes.com/news/articleView.html?idxno=155371

18) Mistral 7B: Open source Model

→ https://luv-bansal.medium.com/mistral-7b-better-than-llama2-13b-model-e9ca2ee8daf0

Chapter 2

Smart Prompt Design

- AI와 상호작용하는 새로운 방법

프롬프트 엔지니어링의 중요성

프롬프트 엔지니어링은 현재 IT 분야에서 점점 중요해지고 있는 주제입니다. 대부분의 AI 시스템, 특히 자연어 처리(NLP) 기반 시스템에서는 사용자의 요청을 정확하게 이해하고, 그에 따라 적절한 반응을 생성하는 것이 중요하기 때문입니다. 따라서 프롬프트 엔지니어링의 역할이 커지고 있습니다.

프롬프트는 AI와 사람 간의 효율적인 소통을 가능하게 합니다. 잘 설계된 프롬프트는 사용자가 원하는 정보나 서비스를 더 빠르고 정확하게 얻을 수 있도록 합니다. 의료 분야에서, 챗봇이 환자에게 구체적인 증상에 대해 질문하고, 이를 통해 적절한 의료 조언이나 진료 예약을 도와주는 과정은 프롬프트 엔지니어링이 실제 상황에서 활용될 수 있는 일례입니다.

프롬프트 엔지니어링은 AI의 성능을 최적화하는 데 큰 역할을 합니다. 올바르게 설계된 프롬프트는 모델이 더 정확한 결과를 제공하게 함으로써, 비즈니스나 과학 연구, 일상생활에서의 유용성을 제공합니다. 다만, 프롬프트는 AI의 윤리적 이슈와 밀접한 관련이 있기 때문에 AI의 판단이 편향되어 사회적, 문화적 문제를 야기하지 않도록, 윤리적으로 타당한 프롬프트를 설계해야 합니다.

프롬프트 엔지니어링은 다양한 산업 분야에 적용 가능합니다. 마케팅, 금융, 의료, 교육 등 다양한 분야에서 프롬프트 엔지니어들을 필요로 합니다. 특히 2022년 말 GPT의 등장으로 여러 다양한 LLM들이 쏟아져 나오면서, 모델 프롬프트 엔지니어링의 중요성은 더욱 높아졌습니다.

프롬프트 엔지니어링은 생성형 AI 솔루션을 이용하여 원하는 결과물을 만들어내는 과정입니다. 생성형 AI는 인간의 행동을 모방하는 것을 목표로 하지만, 고품질이고 관련성이 높은 결과물을 만들기 위해서는 상세한 지침이 필요합니다. 프롬프트 엔지니어링 과정에서는 AI가 사용자와 더 의미 있는 방식으로 상호작용할 수 있도록, 가장 적합한 형식, 구문, 단어, 그리고 기호를 선정합니다. 프롬프트 엔지니어는 창의적인 방법으로 시행착오를 겪으며 다양한 입력 텍스트를 만들어내어, 생성형 AI가 예상대로 잘 작동하도록 합니다. 다양한 프롬프트 엔지니어링 테크닉을 통해 원래 하던 질문을 더 구체화하여 생성형 AI가 본인이 원하는 답안을 이끌어내는 방법을 배울 수 있도록 프롬프트 엔지니어링의 기초, 프레임 워크, 예시 사례 등을 살펴보실 수 있습니다.

이 책을 통해 프롬프트 엔지니어링의 전반적인 이해를 하고 생성형 AI를 잘 활용할 수 있는 방안을 알아가셨으면 좋겠습니다.

PART 1

프롬프트 엔지니어링 기초

1.1 프롬프트란 무엇인가?

프롬프트란, 단순히 말해 AI 모델에게 어떤 작업을 수행하도록 지시하는 문장 또는 질문입니다. 예를 들어, "오늘의 날씨는 어때?"라는 프롬프트를 사용하면, 날씨 정보를 제공하는 AI 모델은 이에 대한 적절한 응답을 생성합니다.

프롬프트의 종류

프롬프트는 목적과 형태 면에서 다양합니다. 프롬프트는 AI

모델이 사용자의 요구와 상황에 맞추어 유연하게 대응하는 데 핵심적인 역할을 합니다. 프롬프트는 기본적으로 AI와 사용자 간의 커뮤니케이션을 위한 질문이나 명령의 형태를 취하며, 단순한 정보 검색부터 복잡한 문제 해결에 이르기까지 광범위한 용도로 활용될 수 있습니다.

일상적인 대화형 프롬프트는 사용자가 일상적인 질문을 할 때 사용하며, 날씨 정보, 일정 관리 또는 간단한 지식과 관련된 질문 등이 포함됩니다. 전문적인 프롬프트는 더욱 복잡한 데이터 분석, 기술적 지원 또는 전문적인 지식을 요구하는 상황에서 사용합니다. 창의적인 프롬프트는 스토리텔링, 예술 작업 또는 창작 활동을 위해 설계되었고, 사용자가 독창적인 아이디어를 생성하거나, 새로운 관점을 탐색하는 데 도움을 줍니다.

그 형태와 목적에 따라 다양하게 분류되는 프롬프트를 특정 상황이나 필요에 맞추어 사용하면 AI 모델이 사용자의 다양한 요구에 맞춰 더욱 정교하고 맞춤화된 서비스를 제공할 수 있습니다. 프롬프트의 종류를 이해하는 것은 AI와의 효율적인 상호작용을 위해 중요합니다.

프롬프트 질의응답

디지털 시대에 넘쳐나는 많은 정보와 지식의 중심에는 인공지능 Artificial Intelligence(AI)가 자리잡고 있으며, 우리는 AI를 통해 수많은 정보를 쉽고 빠르게 얻을 수 있습니다. 최근에는 사용자의 궁금증을 해결해주는 AI의 기본적인 형태, 즉 '질문과 답변' 메커니즘이 주목받고 있습니다.

AI의 '질의응답'은 사용자가 질문을 제시하면 AI 모델이 그에 맞는 답변을 제공하는 매우 직관적인 방식을 의미합니다. 예를 들어 '오늘의 날씨는 어떠한가요?' 또는 '현재 가장 인기 있는 스마트폰은 무엇인가요?'와 같은 질문에 AI는 정확한 답변을 빠르게 제시합니다.

일상생활 속에서 활용되는 AI의 예를 들어보겠습니다.

고객 서비스 분야의 경우 전통적으로 사람이 직접 고객의 질문에 답하는 방식이었으나, 현재 그 자리는 AI가 대신하고 있습니다. 사용자가 웹사이트나 애플리케이션을 통해 자신의 궁금증을 질문하면, AI가 그에 대한 답변을 즉시 제공해주어 고객은 필요한 정보를 빠르게 얻을 수 있고, 기업은 효율적인 서비스를 제공할 수 있습니다.

정보 검색 분야도 유사합니다. 예전에는 특정 정보를 찾기 위해 다양한 웹사이트나 문헌을 직접 검색했으나, 현재는 AI을 이용해 사용자의 질문에 맞는 정보를 즉시 제공함으로써 사용자가 더욱 편리하고 정확한 정보를 제공받을 수 있습니다.

가상 어시스턴트 분야에서도 '질문과 답변'의 중요성이 강조되고 있습니다. 스마트폰이나 컴퓨터, 스마트 홈 기기 등에서 활용되는 가상 어시스턴트는 사용자의 일상생활을 보조하며, 다양한 정보를 제공하고 명령 수행을 가능하게 합니다. 이때 사용자의 질문에 대한 정확한 답변은 가상 어시스턴트의 핵심 역할 중 하나입니다.

'질의응답' 방식을 활용할 때 주의해야 할 점이 있습니다. 바로 질문의 명확성입니다. AI 모델은 주어진 데이터와 알고리즘에 기반하여 답변을 제공하기 때문에 사용자가 명확한 질문을 할 때만 AI의 정확도 높은 답변을 기대할 수 있습니다. 예를 들어, '날씨'라는 단순한 질문보다는 '오늘의 서울 날씨는 어떠한가요?'와 같이 질문이 구체적이어야 답변도 명확해집니다. 명확성에 관해서는 조금 뒷부분에서 더 자세히 다루도록 하겠습니다.

- 정의: '프롬프트'란 사용자가 GPT 모델에 입력하는 텍스트나 질문을 의미합니다. 이 입력은 모델이 응답을 생성하기 위한 시작점이나 지침 역할을 합니다. 프롬프트는

질문, 지시사항, 또는 특정 주제에 관한 설명일 수 있으며, 모델은 이를 기반으로 관련된 내용을 생성하거나 답변을 제공합니다.

- 예시: '오늘의 날씨는?', '가장 인기 있는 스마트폰은 무엇인가요?'
- 응용 분야: 고객 서비스, 정보 검색, 가상 어시스턴트 등
- 주의점: 질문이 명확해야 모델은 더 정확한 답변을 할 수 있습니다.

프롬프트 명령어

디지털 기술을 사용하는 방식 중 '명령어'라는 개념이 있습니다. 명령어는 AI 모델에게 특정 동작을 수행하도록 지시하는 핵심적인 요소로, 사용자가 AI 모델에게 원하는 동작이나 서비스를 요청하기 위해 제시하는 지시어를 의미합니다. 예를 들어, '음악을 틀어주세요.' 또는 '문을 열어주세요.'와 같은 표현으로, 사용자의 의도를 AI에게 명확하게 전달하여 사용자가 원하는 동작이나 서비스를 신속하고 효율적으로 이용하도록 합니다.

명령어는 스마트 홈, 음성 인식 기반 서비스, 자동화 시스템 등 다양한 분야에서 활용되고 있습니다. 스마트 홈에서는 사용자가 집안의 다양한 기기들에게 '조명을 켜 주세요.'나 '에어컨 온도를 24도로 설정해 주세요.'와 같은 직접적인 명령을 내리게 됩니다.

음성 인식 기반 서비스의 경우 스마트폰이나 스마트 스피커, 스마트 시계 등에 '다음 노래를 틀어주세요.'나 '알람을 7시로 설정해 주세요.'와 같은 음성 명령어를 사용할 수 있습니다.

공장이나 연구 시설, 로봇 기술 등 자동화 시스템의 경우에도 사용자는 특정 동작이나 작업을 자동화된 시스템에게 지시할 수 있습니다.

- 정의: 특정 동작을 수행하도록 모델에게 명령하는 형태입니다.
- 예시: '음악을 틀어줘.', '문을 열어.'
- 응용 분야: 스마트 홈, 음성 인식 기반 서비스, 자동화 시스템 등
- 주의점: 명령어는 명확하고 구체적이어야 효과적입니다.

프롬프트를 통한 결론 추론

정보화 사회에서 데이터와 정보는 중요한 자산이 되었습니다. 이러한 데이터와 정보를 기반으로 새로운 정보나 결론을 도출하는 과정을 '추론'이라고 하며, 이 추론의 본질, 중요성과 활용 범위 및 주의점에 대하여 살펴보겠습니다.

일상적으로 사용되는 추론으로는 의사가 환자의 증상을 듣고 건강 상태를 진단하거나 경제 전문가가 현재 경제 데이터를 분석해 미래의 시장 추세를 예측하는 것 등이 있습니다. 이러한 상황에서 '이 증상을 바탕으로 내 건강 상태를 진단해주세요.' 또는 '이 경제 데이터를 분석하여 앞으로의 시장 추세를 예측해주세요.'와 같은 요청은 추론 과정을 구체적으로 보여주며, 주어진 데이터나 정보 자체보다는 그 정보를 어떻게 해석하고 분석하는지가 중요하다는 것을 알 수 있습니다.

즉, 추론은 단순한 정보의 수집을 넘어서 그 정보들 사이의 관계를 파악하고, 숨겨진 패턴이나 가능성을 발견하는 능력을 포함합니다. AI 분야에서의 추론은 이러한 인간의 사고 과정을 모방하여, 기계가 데이터를 통해 학습하고 새로운 상황에 적용하는 능력을 개발하는 것을 목표로 합니다. 추론의 응용 분야는 매우 다양하며, 의료 분야에서는 환자의 증상과 검사 결과를 토대로 질병을 진단하고, 데이터 분석 분야에서는 다양한 데이터를 기반으로 미래의 추세나 패턴을 예측하며, 재무 모델링 분야에서는 회사의 재무 상태와 시장 환경 등의 다양한 정보를 통합하여 미래의 재무 상태를 예측하는 데 사용됩니다.

추론을 진행할 때 가장 중요한 것은 모델에 충분한 데이터와 문맥이 제공되어야 한다는 점입니다. 데이터나 정보가 부족하면 추론의 정확도가 떨어집니다. 특히 복잡하고 다양한 변수가 관련된 문제에서는 데이터의 품질과 양, 그리고 그 데이터를 바탕으로 한 분석의 정확성이 중요하며, 사용되는 모델의 적절성뿐 아니라 분석자의 경험과 전문성도 추론의 정확도에 큰 영향을 미치게 됩니다.

추론은 항상 주어진 정보와 데이터의 한계 내에서 이루어진다는 것을 기억해야 합니다. 이는 추론 결과가 확률적인 성격을 가지며, 어떠한 결론도 100% 확신을 가지고 내릴 수 없다는 것을 의미합니다. 항상 일정한 오차 범위와 불확실성이 존재하기 때문에, 이러한 한계와 불확실성을 인지하고 주의 깊은 분석과 신중한 접근을 통해 그 결과를 이해하고 적용해야 합니다.

- 정의: 주어진 정보나 데이터를 바탕으로 새로운 정보나 결론을 도출하는 작업입니다.

- 예시: '이 증상으로 미루어 볼 때 나의 건강 상태는?', '주어진 데이터에서 추세를 예측해줘.'
- 응용 분야: 의료 진단, 데이터 분석, 재무 모델링 등
- 주의점: 모델에 충분한 데이터와 문맥이 제공되어야 정확한 추론이 가능합니다.

프롬프트로 결과 생성

최근 '생성'이라는 개념이 특히 주목받고 있습니다. 그래서 생성에 대한 정의, 그리고 그 응용 분야와 주의점에 대하여 알아보고자 합니다.

'생성'은 간단히 말하자면, 특정 주제나 조건에 맞추어 문장, 문단, 또는 전체 글을 창조하는 과정을 말합니다. 이 과정은 인간의 창의력과 기술이 결합된 결과로 볼 수 있는데, 예를 들어, 사용자가 '로맨스 소설의 첫 문단을 작성해주세요.'라고 요청하면, 그에 맞추어 감정적인 요소와 스토리의 시작을 담은 문단을 생성하는 것입니다. '코딩에 관한 튜토리얼을 만들어주세요.'라는 요청은, 해당 분야의 기술적 지식을 바탕으로 교육적이고 이해하기 쉬운 내용을 만드는 것을 포함합니다. 여기서

핵심은 사용자의 요구나 주제에 따라 다양한 형태와 스타일로 내용을 생성하는 능력입니다.

생성 과정은 단순히 문장을 만드는 것을 넘어서, 주어진 주제나 조건에 맞는 내용을 창의적으로 구성하는 것을 의미합니다. 예를 들어, '환경 보호에 대한 블로그 글을 작성해주세요.'라는 요청에 대해서는 현재의 환경 문제에 대한 인식을 높이고, 독자들에게 실질적인 행동을 촉구하는 내용을 담을 수 있습니다. 또한, '과학 기술의 발전에 대한 논평을 써주세요.'라는 요청에 대해서는 최신 과학 기술의 추세와 그것이 사회에 미치는 영향을 분석하는 내용을 포함할 수 있습니다. 이처럼 생성은 특정 주제에 대한 깊은 이해와 창의적인 사고를 필요로 하며, 그 결과물은 사용자의 의도와 목적에 부합하는 유용하고 독창적인 내용이 되어야 합니다.

생성의 응용 분야는 광범위합니다. 콘텐츠 생성 분야에서는 기사나 소설, 시나리오 등 다양한 콘텐츠를 자동으로 생성할 수 있고, 교육 분야에서는 맞춤형 교재나 튜토리얼 제작에 생성 기술을 활용할 수 있습니다.

- 정의: 특정 주제나 조건에 따라 문장, 문단, 또는 전체 글을 생성하는 것입니다.

- 예시: '로맨스 소설의 첫 문단을 써줘.', '코딩 튜토리얼을 만들어줘.'
- 응용 분야: 콘텐츠 생성, 자동 뉴스 작성, 교육 자료 제작 등
- 주의점: 생성된 내용이 사용자의 기대나 목적에 부합하는지 확인이 필요합니다.

무언가를 만드는 생성뿐만 아니라, 프롬프트로 추론, 정보 추출 등 여러 방면의 일들을 처리할 수 있습니다. 다양한 프롬프트의 종류는 기계 학습 및 자연어 처리 모델에서 강력한 결과를 얻을 수 있는 중요한 역할을 합니다. 프롬프트들은 단순한 명령어 형태를 포함하여 질문, 제안, 정보 요청 등의 형태로 나타날 수 있으며, 이 다양성을 통해 모델은 더욱 풍부하고 유용한 응답을 생성할 수 있게 됩니다. 프롬프트에 여러 가지 정보를 제공하는 것은 AI 모델이 다양한 정보와 요청을 효과적으로 처리하고, AI 기술을 실제 유용하게 활용되도록 합니다.

1.2 프롬프트의 구성 요소

프롬프트 엔지니어링을 이해하고 효과적으로 실행하기 위해서는 프롬프트의 구성 요소를 알아야 합니다. 프롬프트의 기초적인 구성 요소는 어떤 것들이 있을까요?

문맥(Context): 프롬프트가 어떤 상황에서 사용되며, 그 상황에 따라 어떻게 작동하는지를 의미하는 배경 정보입니다.

정확도(Accuracy): 프롬프트가 주어진 입력에 대해 얼마나 정확한 결과를 생성하는지에 대한 능력입니다.

효율성(Efficiency): 프롬프트가 시간과 자원을 얼마나 효율적으로 사용하여 결과를 생성하는지를 나타냅니다.

이 세 가지 구성 요소는 상호 연관되어 있습니다. 예를 들어, 문맥을 잘 이해하면 정확도가 높아지고, 정확도가 높으면 효율성도 향상될 수 있습니다. 따라서, 프롬프트 엔지니어링에서는 이러한 요소들을 종합적으로 고려하여 프롬프트를 설계해야 합니다.

기초적인 프롬프트 설계 원칙

프롬프트 설계에는 몇 가지 기초적인 원칙이 있습니다. 이 원칙들은 프롬프트가 효과적으로 작동하도록 하며, 다양한 응용 분야에서 더 넓은 활용성을 보장합니다. 여기서는 명확성, 다양성 그리고 간결성이라는 세 가지 핵심 원칙에 대해 자세히 알아보겠습니다.

명확성(Clarity)

정보화시대에 인간과 기계 간의 상호작용이 지속적으로 증가하면서 상호작용의 효율성과 정확성을 높이는 것이 중요한 과제가 되었습니다. 특히 '명확성'은 핵심적인 요소인데, 사용자와 기계 사이의 소통이 정확하고 오해의 소지가 없어야 하기 때문입니다.

명확성은 단순히 명백한 정보 전달을 넘어서, 상호작용의 맥락을 정확하게 파악하고, 사용자의 의도와 필요를 정확히 이해하는 데 중요한 기초가 됩니다. 예를 들어, 음성 인식 기술에서의 명확한 발음과 문장 구조는 기계가 사용자의 말을 정확히 인식하고 적절한 반응을 할 수 있도록 하며, 자동화된 고객 서비스 시스템에서는 사용자의 문제나 요구사항을 정확히 파악하기 위해 필수적입니다.

　기계와 상호작용에서의 명확성이란, 메시지나 지시를 전달할 때 그 내용이 분명하고 정확하며, 모호함이나 오해의 소지가 없도록 하는 원칙을 의미합니다. 이는 사람 간의 커뮤니케이션은 물론, 사람과 AI 모델 간의 상호작용에서도 필수적인 요소입니다.

　예를 들어, AI에게 '오늘의 날씨를 정확히 알려주세요.'라고 요청하는 것은 '날씨 어때?'와 같이 비교적 모호하고 다의적인 질문보다 더 구체적이고 명확한 정보를 요구하는 것이 됩니다. '내일 서울의 최저 기온을 알려주세요.'와 같은 구체적인 질문은 AI가 특정 데이터를 참조하여 정확한 정보를 제공하도록 하지만, '내일 추울까?'와 같은 질문은 AI가 사용자의 의도를 다양하게 해석하거나 불명확한 답변을 제공할 수 있게 됩니다. 이렇게 명확한 지시와 질문은 AI 모델이 사용자의 의도를 정확히 파악하고, 적절하고 구체적인 응답을 제공하기 위해 중요합니다.

　－ 명확성의 다양한 측면

　■ 범위 명시

　　범위 명시는 정보를 전달할 때, 그 범위가 너무 좁지도

넓지도 않도록 적절하게 설정하는 것을 말합니다. 이것은 요리할 때 필요한 재료를 정확한 양만큼 사용하는 것과 유사합니다.

예를 들어, 어느 카페의 바리스타가 '이번 주 신메뉴 어떠세요?'라고 물었다면 이 질문은 매우 포괄적입니다. 이 질문이 신메뉴의 맛에 대한 것일까요, 아니면 가격이나 인기도에 대한 것일까요? 바리스타가 질문을 바꾸어 '이번 주에 새로 나온 에스프레소 블렌드는 깊고 풍부한 맛을 선호하는 분들께 추천해드리는데, 시도해 보시겠어요?'라고 제안한다면, 정보의 범위가 좁아져 고객이 더 명확하게 정보를 이해할 수 있게 됩니다.

명확성의 범위를 명시하는 것이 왜 중요할까요? 범위가 명확하면 정보의 오해가 줄어듭니다. 또한, 정확한 범위의 설정은 커뮤니케이션을 더 효율적으로 만들어줍니다. 정보의 범위를 분명히 하면, 우리는 불필요한 설명을 줄이고, 대화 상대방의 시간을 절약해줄 수 있습니다.

명확한 범위 명시는 효과적인 의사결정 과정에도 기여하는데, 정보의 범위가 명확할 때 더 정확하고 빠른 결정을 내릴 수 있기 때문입니다.

예를 들어, 기업 마케팅팀이 새로운 광고 캠페인의 타깃 고객을 '모든 사람'이라고 정의하면 자원의 낭비가 일어나지만, '20대 남자 대학생'이라는 구체적인 범위를 설정한다면 마케팅 자원을 보다 효과적으로 활용할 수 있습니다. 병원에서 의사가 환자에게 진단 결과를 설명할 때, '다소 걱정되는 수치입니다.'라고 말하는 것과 '콜레스테롤 수치가 정상 범위를 10% 초과하고 있으므로, 식단 조절이 필요합니다.'라고 구체적으로 말하는 것 사이에는 큰 차이가 있습니다. 후자는 환자에게 명확한 행동 지침을 제공함으로써, 더 나은 건강 관리를 위한 방법을 자세히 제공합니다.

- 요청 명시

요리사에게 '맛있는 음식 만들어줘.'라고 말하는 것과 '이 김치찌개 레시피에 따라 김치찌개를 만들어줘.'라고 말하는 것의 차이는 큽니다. 전자는 너무 광범위하여 요리사가 무엇을, 어떤 재료로 만들어야 할지, 어느 나라의 음식으로 준비해야 할지 알 수 없게 합니다. 반면 후자는 요구하는 바가 명확하여, 요리사가 필요한 재료를 준비하고, 정해진 레시피를 따라 맛있는 김치찌개를 완성할 수 있게 합니다.

요청을 명확하게 명시하는 것은 AI와의 대화에서 중요합니다.

예를 들어, 어떤 회사에서 고객의 문의 사항을 처리하는 AI 챗봇을 운영한다고 가정해봅시다. 고객이 '환불해줘.'라고 요청했을 때, 챗봇이 자동으로 '어떤 주문에 대한 환불을 원하시나요?'라고 묻는다면, 이는 고객이 명확한 답변을 제공하도록 유도하는 좋은 예입니다. 이렇게 구체적인 정보를 요구함으로써 챗봇은 정확한 주문을 찾아 환불 처리를 신속하게 진행할 수 있습니다. 하지만, 만약 챗봇이 '네, 환불 처리를 도와드리겠습니다. 어떤 도움이 필요하신가요?'라고 물었다면, 고객은 무엇을 해야 할지, 어떤 정보를 제공해야 할지 혼란스러울 수 있습니다. 이는 불필요한 시간 낭비와 고객의 불만을 증가시킬 수 있습니다.

회사에서의 예를 들어보겠습니다. 상사가 직원에게 '보고서 준비해줘.'라고 말하면, 직원은 어떤 보고서를, 어떤 형식으로, 언제까지 준비해야 하는지 등의 구체적인 정보가 없어 즉각적인 업무 수행이 어렵습니다. 반면 'Q3 판매 보고서를 파워포인트 형식으로 금요일까지 준비해줘.'라고 명시하면, 직원은 명확한 기한과 형식, 그리고 내용을 알고 정확한 작업을 수행할 수 있습니다.

명확한 요청 명시의 중요성은 주변에 정보가 넘쳐나고 시간의 가치가 높은 현대 사회에서 매우 강조되며, 효과적으로 정보를 전달하고 명확한 의사소통을 하는 것은 개인과 조직에 있어 필수 불가결한 요소입니다.

■ 결과 형식 명시

레스토랑에 가서 '음식 주세요.'라고 말하는 것과 '스테이크를 미디엄레어로, 옆에 프렌치프라이와 샐러드를 곁들여 주세요.'라고 구체적으로 요청하는 것은 매우 다릅니다. 이 로직은 기술적인 문맥에서도 적용됩니다. 데이터를 요청할 때 '리스트로 결과를 보여줘.'라고 명시하는 것은 원하는 데이터의 형태를 명확히 함으로써 시스템이 정확한 형태로 정보를 제공할 준비를 하게 합니다. 결과의 형식을 구체적으로 명시하는 것은 오해를 줄이고, 원활한 데이터 교환을 가능하게 하는 역할을 합니다.

대량의 데이터를 처리하는 데이터 분석가가 '이 데이터를 이용해 월별 판매 추이를 선그래프로 보여줘.'라고 요청받으면 정확히 어떤 작업을 해야 할지 이해하고 효과적으로 작업을 진행할 수 있는 것과 같습니다.

디지털 정보 시대의 데이터는 마치 바다와 같이 광대하고 끝없습니다. 여기서 '결과 형식 명시'라는 나침반 없이 방향을 잡으려 한다면, 광대한 데이터 바다에서 길을 잃고 말 것입니다. 그렇기에 우리는 데이터 분석이나 요청 시에 '결과의 형식'을 명확하게 요청하는 것을 습관화해야 하며, 이는 데이터 해적이 보물 지도에 'X' 표를 정확히 찍는 것과 같습니다.

– 예 시

■ 제한된 선택: 모델에게 선택지를 명확하게 주는 것도 좋습니다. 예를 들어, '음식을 추천해줘.'보다 '피자, 스시, 라면 중 어떤 것을 먹을까?'가 더 명확한 지시입니다.

■ 복수의 요소 명시: '가장 가까운 은행은 어디야?'라는 질문에 '가장 가까운 은행과 그 영업 시간은?'이라고 명시하면, 더 구체적인 정보를 얻을 수 있습니다. 하나의 프롬프트에 여러 가지를 동시에 물어보면, 혼선이 생길 수 있으니 한두 개씩 물어보는 것이 좋습니다.

AI 모델과의 효과적인 상호작용을 위해서는 사용자가 자신의 의도와 요구를 명확하고 구체적으로 전달하는 것이 중요합니다. 이를 위해 사용자는 자신의 요구를 정확히 파악하고, AI 모델에게 이를 명확하게 전달하는 연습이 필요합니다. 이러한 노력은 AI 모델의 응답 정확성과 일관성을 크게 향상시키며, 결과적으로 사용자와 AI 간의 상호작용을 더욱 원활하고 효율적으로 만들어 줄 것입니다.

다양성(Diversity)

모델 학습에서의 '다양성'은 다양한 문맥과 상황에 대응할 수 있는 능력을 말합니다. 단일한 프롬프트로만 학습을 시키면, 모델은 그 한 가지 상황에만 최적화되고 다른 상황에서는 성능이 떨어질 수 있으므로 다양한 문맥에서도 잘 작동할 수 있도록 모델을 교육하는 것이 중요합니다. 한가지 기억할 점은 언어별 인식률입니다. 실제로, GPT의 언어 이해도를 테스트하기 위한 목적으로 여러 과목으로 구성된 'MMLU'라는 테스트를 진행했을 때 영어의 정답률이 가장 높았습니다.

GPT-4의 언어별 정확도

※법·윤리·인문학·사회과학 등 다양한 과목으로 구성된
테스트(MMLU)를 각 언어별로 번역한 뒤 GPT-4의
정답률을 측정한 결과

언어	정확도
영어	85.5
스페인어	84
독일어	83.7
인도네시아어	83.1
만다린어(중국어)	80.1
일본어	79.9
한국어	77
네팔어	72.2
텔루구어(인도)	62

단위: %, 자료: 오픈AI

GPT와 같은 AI 모델은 대부분의 학습 데이터가 영어로 구성되어 있습니다. 이는 영어가 국제적인 언어로서 다양한 분야의 데이터를 풍부하게 가지고 있기 때문입니다. 풍부한 데이터 덕분에 모델은 영어로 된 텍스트를 이해하고 생성하는 데 있어 더 높은 정확도와 유연성을 보여줍니다. 한편, 한국어와 같은 비영어권 언어를 사용할 때의 한계점도 존재합니다. GPT 모델이 다양한 언어를 지원하지만 영어에 비해 상대적으로 학습 데이터가 적기 때문에 인식률이 낮을 수 있습니다. 이러한 이유로, 프롬프트는 영어로 작성하는 것이 가장 효과적이며, 한글이 길어지면 AI가 다른 의미로 착각하는 현상이 발생할 수 있

습니다. 특히, 한국어는 문법적, 문화적 특성이 영어와 상당히 다르기 때문에, 이러한 차이가 모델의 성능에 영향을 미칠 수 있습니다.

- 다양성의 다양한 측면
- ■ 어휘의 다양성
  어휘의 다양성은 마치 색상이 풍부한 화가의 팔레트와 같아서, 단어 하나하나가 가진 뉘앙스의 차이를 이용해 더욱 정확하고 생동감 있는 표현을 할 수 있습니다. 이것은 '바다'라는 단어를 '깊고 푸른 대양', '소란스러운 파도', '잔잔한 바닷물' 등으로 표현함으로써 듣는 사람이 같은 단어에서 더 풍부한 상상력을 사용하게끔 합니다.

  어휘의 다양성은 학습에서도 매우 중요합니다. 예를 들어 '큰'이라는 단어를 학습하는 경우, '거대한', '막대한', '엄청난' 같은 동의어들을 함께 배우는 것입니다. 이를 통해 우리는 단어 하나에 국한되지 않고, 더 넓은 범위의 표현력을 키울 수 있고, 이 과정에서 학습자는 단순히 단어를 암기하는 것이 아니라, 그 단어가 갖고 있는 다양한 맥락과 함께 그 의미를 체득하게 됩니다.

  자연어 처리 분야에서 어휘의 다양성을 교육한다는 것이

무엇을 의미하는지 살펴보아야 합니다. 머신러닝 모델 모델들, 특히 자연어 처리를 다루는 모델들은 대량의 텍스트 데이터를 기반으로 학습을 진행하는데, 이때 다양성이 풍부한 어휘를 사용하면 모델은 더욱 복잡하고 다채로운 언어 패턴을 인식하고 학습할 수 있습니다. 이는 모델이 더욱 정확하고 자연스러운 언어를 생성하고 이해하는 데 기여하게 됩니다.

■ 문맥의 다양성

문맥의 다양성은 만능 열쇠와도 같습니다. 사용자가 어떤 질문을 하든, 상황에 맞춰서 그 열쇠가 제 역할을 함으로써 문을 열게 됩니다. '가장 좋은 영화'를 묻는 질문을 예로 들면, 여행 중에는 짧은 시간의 영화를, 취미로는 새로운 영감을 줄 수 있는 영화를, 일상에서는 편안히 볼 수 있는 영화를 추천받기를 원할 수 있습니다. 이처럼 다양한 문맥을 고려하는 것은 머신러닝 모델에 있어서 매우 중요합니다.

사람들의 대화는 정해진 틀이 없습니다. 친구와의 대화 중에 '가장 좋은 영화는 뭐야?'라는 질문이 나온다면 최근 가장 감동받은 영화를 의미할 수 있고, 영화 감독의 강연에서는 예술적 가치가 높은 영화를 묻는 것일 수도 있습니다. AI가 이러한 문맥의 차이를 이해하지 못한다면, 단순히 '최고의 영화'라는 답변만 제공할 수 있을 것입니다.

문맥의 다양성을 학습하는 것은 다양한 옷을 입고 서로 다른 파티에 참석하는 것과 같습니다. 친구의 생일 파티에는 편안한 캐주얼을, 비즈니스 미팅에는 정장을, 해변에서의 파티에는 수영복을 입는 것처럼, 각각의 상황에 맞는 옷을 입듯이, 문맥에 맞는 대답을 하는 것이 중요합니다. 이러한 문맥의 다양성은 머신러닝 모델이 좀 더 유연하게 대응할 수 있도록 하며, 문맥의 다양성을 이해하고 반영하는 AI는 대화의 흐름을 자연스럽게 만들어갈 수 있습니다.

문맥을 파악하는 것은 복잡하고 어려운 작업일 수 있지만, 이는 AI가 진정한 의미의 '지능'을 갖추기 위한 필수 요소입니다. 문맥에 따라 유연하게 반응하는 AI는 사용자에게 더욱 인간적인 인상을 주고, 사용자의 신뢰를 얻는 데 큰 역할을 하며, 기계와 인간 사이의 상호작용을 더욱 자연스럽고 의미 있게 합니다.

■ 유형의 다양성

AI의 세계에서 '유형의 다양성'은 어린이 놀이터에 비유할 수 있습니다. 미끄럼틀, 그네, 모래 놀이 등 다양한 놀이 기구를 통해 아이들이 균형 감각, 협동심, 상상력을 키우듯이 AI도 질문, 명령, 대화 등 다양한 프롬프트를 통해 세상을 이해하는 능력을 발달시킵니다. 이러한 유형의 다양성은 AI에게 사람과의 대화에서 톤과 맥락을 읽는 능력을 주는 것과 비슷합니다. 예를 들어, 친구가 '너 오늘 시간 어때?'라고 묻는 경우, 단순히 일정을 묻기보다는 '시간이 있으면 뭔가를 같이 하자.'라는 의미가 포함되어 있을 수 있습니다. AI가 다양한 유형의 프롬프트에 능숙하게 대응한다면, 우리는 '지능적'이라고 느끼는 대화를 기대할 수 있습니다.

'유형의 다양성' 학습에는 묘미가 있습니다. 가령, '내일 회의 일정을 알려주세요.'와 '내일 회의 언제에요?'라는 두 문장을 보면, 전자는 공식적이고 정중한 요청으로 일정에 대한 구체적인 정보를 원하는 것으로 보입니다. 반면, 후자는 좀 더 친근하고 간결한 정보를 원하는 것처럼 들립니다. AI가 이 미묘한 차이를 인식하고 적절히 대응하는 능력은 '유형의 다양성' 학습의 성과라 볼 수 있습니다.

간결성(Conciseness)

시간에 쫓기는 현대 사회에서 '간결성'이라는 원칙은 정보 전달의 효율성과 명료성을 결정짓는 중요한 요소입니다. AI의 상호작용에서의 간결성의 중요성과 이를 기반으로 효과적으로 프롬프트를 작성하는 방법에 대하여 알아보겠습니다.

간결성이란, 어떠한 정보나 메시지에 대해 불필요한 부분을 제거하고 핵심만을 간결하게 전달하는 것을 의미합니다. 이는 단순히 문장의 길이를 줄이는 것을 넘어서, 정보의 본질을 더욱 깊이 있게 담아내는 방법으로도 볼 수 있습니다. 예를 들어, '요약 부탁해.'라는 짧은 요청은 '이 글을 짧게 줄여서 요약해줄 수 있을까요?'와 같은 긴 문장보다 훨씬 간결하며, 똑같은 요청을 더욱 직접적으로 전달합니다.

간결성은 왜 중요할까요? 간결한 프롬프트는 사용자에게 빠르게 반응합니다. 디지털 환경에 익숙한 소비자들은 정보나 서비스를 빠르게 얻기를 원합니다. 불필요한 단어나 정보가 제거된 간결한 프롬프트는 이러한 소비자의 요구를 정확하게 충족시켜 줍니다.

간결성은 정보의 오버로드를 줄여주어, 사용자가 중요한 정보에 집중할 수 있게 도와줍니다. 이는 특히 정보의 복잡도가 높은 분야에서 유용한데, 불필요한 정보가 많으면 사용자가 핵심 내용을 놓칠 수 있기 때문입니다.

프롬프트의 비용 관점에서 살펴보면, OpenAI의 GPT가 아닌 API로 호출 후 GPT 서비스를 만들 경우에는 토큰 비용에 대한 부담이 발생합니다. 프롬프트들을 간결하게 입력하면 처리 시간과 자원을 줄이면서 관련 비용을 줄일 수 있게 됩니다. 간결한 프롬프트는 AI와의 상호작용을 더 효율적으로 만들 뿐만 아니라, 경제적인 측면에서도 이점을 제공합니다.

디지털 커뮤니케이션에서 간결성이 중요하기 때문에 사용자는 문장을 간결하게 유지하면서 동시에 필요한 정보를 정확하게 전달하는 방법을 연습해야 합니다. 이러한 연습은 AI 모델과의 상호작용을 원활하고 효과적으로 만들어 줄 것입니다.

- 목표 지향성(Goal-Oriented)

목표 지향성은 프롬프트 설계에서 중요하게 고려되어야 합니다. 목표 지향성이 강한 프롬프트는 사용자에게 명확한 방향성을 제공하고, 더욱 효율적으로 문제를 해결합니다. 모델이나 시스템이 무슨 일을 해야 하는지 명확하게 알면, 효율성과 정확성이 크게 향상됩니다.

예를 들어, 고객 서비스 챗봇을 설계하는 경우, '어떻게 도와드릴까요?'라는 프롬프트는 명확한 목표 지향성을 가집니다.

이 프롬프트는 고객에게 어떤 문제가 있는지 파악하고, 그 문제를 해결하는 것을 목표로 합니다. 여기서 목표는 '고객의 문제를 해결하기.'입니다.

– 목표 지향성의 3R 원칙

■ 인식(Recognition)

'인식(Recognition)'은 마치 식당 웨이터가 손님의 기호와 입맛을 파악하는 것과 같습니다. 사용자의 요구나 문제를 정확하게 인식하는 것은 AI에게 있어서 첫 번째이자 가장 중요한 단계입니다.

이 '인식'을 이해하기 위해서, AI는 사용자의 말을 듣는 것이 아니라 '듣고, 해석하고, 반응한다.'라는 것을 기억해야 합니다. 예를 들어, 어떤 사용자가 '나는 오늘 너무 지쳐서 힘이 하나도 없어.'라고 말한 경우, AI는 이 문장을 단순한 소리의 연속으로 듣는 것이 아니라, 사용자의 피로함을 감지하고, 그것에 적절한 반응을 해야 합니다. 그 반응이 '휴식을 권하는 메시지'일 수도 있고, '즐거운 음악을 틀어주는 행동'일 수도 있습니다.

여기서 한 발 더 나아가, AI는 때때로 우리의 말속에 숨은 미묘한 뉘앙스까지 인식해야 합니다. 사용자가 '날씨가 참 좋네요.'라고 말했을 때, AI는 이것이 단순한 날씨에 대한 평가인지, 아니면 외출을 하고 싶다는 간접적인 표현인지 파악할 수 있어야 합니다.

AI의 인식 기능을 높이는 것은 단순히 기술적인 문제를 넘어 인간적인 이해와 공감으로 나아가는 단계입니다. 사용자의 말에 귀 기울일 뿐 아니라, 그 말 뒤에 숨은 감정과 욕구까지 파악하는 것이 필요합니다. 그렇게 되면 AI는 단순한 명령 수행기에서 사용자의 '마음을 읽는 동반자'로 거듭납니다. AI가 이러한 '인식' 능력을 갖추기 위해서는, 다양한 데이터와 경험을 학습해야 합니다. AI에게 '경험'이라는 것은 어쩌면 '데이터'라는 단어로 치환될 수 있을 것 같습니다. 수천, 수만의 상황과 대화에서 얻은 패턴을 통해, AI는 미세한 음성의 높낮이나 문장의 구조에서도 사용자의 의도를 읽어내는 능력을 키웁니다.

그렇게 학습된 AI는 때로는 우리를 놀라게 하기도 합니다. 예를 들어, 새벽에 일어나 '커피 좀.'이라고 중얼거렸을 때, AI가 '오늘은 에스프레소 어떠세요? 활력을 더해드릴 수 있을 것 같아요.'라고 대답한다면 어떨까요? 사람이라면 새벽의 피곤함으로 답변을 못 할 수도 있지만, AI는 그런 상황에서도 우리의 필요를 정확하게 인식하고 적극적으로 제안해줄 수 있습니다.

'인식' 능력의 발전은 AI가 단순한 기계를 넘어서 '사람과의 소통의 다리' 역할을 하게 합니다. 사람과 사람 사이의 대화에서 중요한 것이 상대방의 말을 잘 듣고 이해하는 것이듯, AI와 사람 사이의 소통에서도 이 '인식'은 필요합니다.

■ 반응(Response)

반응(Response)이란 무엇일까요? 아주 복잡한 문제에 대한 답을 찾는 것부터, 생일 축하 방법을 극대화하는 것까지, 반응은 우리 삶의 모든 분야에 스며들어 있습니다.

한 가지 예를 들어보겠습니다.

여러분이 아침에 일어나서, 스마트폰에게 '오늘 날씨 어때?'라고 묻는다면 AI 비서는 어떻게 반응해야 할까요? '맑습니다.'라는 단순 답변은 SIRI와 다른 점이 없습니다. AI 비서라면 훨씬 더 창의적이고 인간적인 반응이 가능합니다. '오늘은 해가 쨍쨍! 외출하실 때 선글라스를 잊지 마세요. 물론, 사용자님의 눈부신 미소로도 충분히 밝은 하루가 될 거예요.' 이런 방식으로 실제 대화하는 것 같은 반응을 기대할 수 있습니다.

AI가 사용자의 간단한 질문에도 예상치 못한 유머와 개인적인 관심을 담아 반응한다면, 우리의 일상은 얼마나 더 재미있고 풍부해질까요? 사용자가 원하는 것을 정확히 파악하고, 그에 맞춰 개성 있는 반응을 보여주는 것, 이것이 바로 AI가 추구해야 할 '반응'의 기능이라 할 수 있습니다.

하지만 한편으로, 특정 상황에서는 반응의 적절함이 더 중요할 수도 있습니다. 응급 상황에서 AI에게 '가장 가까운 병원은 어디에 있나요?'라고 물었을 때, AI가 '지금 바로 예약을 도와드릴까요?'라고 묻지 않고 '오늘은 병원이 많이 바쁠 거예요. 다음 주는 어떠세요?'라고 대답하면, 아마 그 AI를 바로 교체하고 싶어질 겁니다.

■ 결과(Result)

'결과'는 모든 과정의 최종 결과물입니다. 화려한 과정을 거치더라도 결과가 기대에 미치지 못한다면 그 프로세스는 미완성에 불과하기 때문에 '결과'라는 성과를 도출하는 것이 중요합니다. 적합한 결과를 얻기 위해 과정에서 충분한 학습과 성찰을 거치는 단계가 선행되어야 합니다. 예를 들어 보겠습니다. 누군가가 AI 쿠킹 로봇에게 저녁

식사로 완벽한 스테이크를 만들어 달라고 요청했을 때 기대하는 '결과'는 무엇일까요? 사람마다 다르겠지만, 어떤 사람은 단순히 구워진 고기가 아닌, 입에서 녹는 듯한 육즙과 완벽한 맛의 균형, 그리고 그에 어울리는 감각적인 플레이팅까지 포함된 완벽한 '결과'를 기대할 수 있습니다.

이제, 쿠킹 로봇은 사용자가 요청한 '완벽한 스테이크'를 만들기 위해 온갖 센서와 알고리즘을 동원합니다. 내부 온도는 물론, 스테이크의 두께, 굽기 정도까지 측정하며 기대 결과에 기반해 요리 과정을 조정합니다. 그리고 마침내 나온 '결과'인 스테이크는 외부는 바삭하고 안에 육즙이 가득한, 그야말로 '완벽한' 조리 상태를 자랑합니다. 예시에서 보이듯이, '결과'에 대한 기대는 상당히 높습니다. 사용자는 평범한 스테이크가 아닌, '완벽한 스테이크'를 원했고, 결과물이 사용자의 기대에 못 미친다면, 그 쿠킹 로봇의 요리 능력에 대한 신뢰는 크게 떨어집니다.

이처럼 AI 시스템이나 로봇 등에게 요구되는 '결과'는 사용자의 기대치를 충족시키는 것이 중요합니다. 만족스러운 결과는 사용자의 만족도를 높이고 시스템에 대한 믿음을 높입니다. 반대의 경우에는 사용자의 실망과 시스템 개선에 대한 요구로 이어집니다. 결과는 그동안의 노력을 증명하는 증거이며, 효율적인 의사결정을 위한 기초 자료가 됩니다.

1.3 프롬프트 활용 사례

디지털 시대는 간단한 검색만으로 수많은 정보를 제공해주지만 방대한 정보 속에서 우리가 정확히 원하거나 필요한 정보를 찾아내는 것은 생각보다 쉽지 않습니다. 이 문제를 해결하기 위해 최근 AI 기반의 정보 검색 도구가 주목받고 있으며 가장 대표적인 것이 ChatGPT입니다.

ChatGPT와 같은 AI 모델은 사용자의 질문이나 요청에 대한 응답을 신속하게 제공함으로써 필요한 정보를 효과적으로 얻을 수 있는 방안을 제시합니다. 이러한 AI 모델을 효과적으로 활용하기 위해, 질문이나 요청하는 '프롬프트'가 어떠한 역할을 하는지, 그리고 어떻게 구성되어야 하는지에 대한 이해가 필요합니다.

프롬프트는 AI 모델에게 우리의 의도나 요구를 전달하는 매개체입니다. 특정 주제나 문제 상황에 대한 상세한 정보나 답변이 필요할 때, 프롬프트는 해당 주제나 문제를 명확하게 표현하는 도구로 활용됩니다. 이를 위해 사용자의 일반적인 질문 패턴을 분석하고, 이에 대한 명확하고 구체적인 프롬프트를 설계해야 합니다. 예를 들어, 학생들이 복잡한 개념을 이해하도록 돕는 교육용 AI 챗봇의 프롬프트는 학생의 질문을 명확하게 이해하고, 학습 목표에 부합하는 답을 생성하도록 설계되어야 합니다.

이처럼 프롬프트 엔지니어링은 사용자와 AI 간의 효과적인 의사소통을 위해 필수적인 요소이며, 프롬프트를 구체적이고 명확하게 설계함으로써 사용자의 요구를 정확하게 파악하고, 그에 맞는 응답을 생성합니다.

사례 1) 정보 검색

- 문제 상황: 특정 정보나 주제에 대한 상세한 답변이 필요함.
- 프롬프트의 역할: 원하는 정보를 명확하게 표현하여 ChatGPT로부터 정확한 응답을 얻는 것.
  - 예시: '세계에서 가장 높은 산에 관한 정보를 자세히 알려주세요.'
  - 위의 질문은 '높은 산에 대한 정보를 알려주세요.'라는 질문보다 명확하므로, 에베레스트산의 정확한 위치, 높이,

그리고 첫 등반에 관한 기록 등의 상세한 정보를 얻을 수 있습니다.

정보 검색 프롬프트 실용 팁!

- **구체적인 키워드 활용**
  AI 기반의 검색 도구인 ChatGPT를 사용하는 경우에도 원하는 답변을 얻지 못할 수 있습니다. 문제는 바로 '키워드'입니다. 구체적인 키워드 활용은 우리가 ChatGPT와 같은 AI 모델과 효과적으로 의사소통하기 위한 핵심적인 요소 중 하나입니다.

- **시간 및 장소 지정**
  원하는 '정확한' 정보를 얻기 위하여, 시간 및 장소를 구체적으로 지정하여 정보의 정확도를 높일 수 있습니다.

- **질문의 범위 설정**
  사용자가 광범위하게 질문하여 풍부한 정보를 제공받을 수도 있지만 필요한 핵심 정보를 놓칠 수도 있습니다. 질문이 구체적이고 명확한 범위를 가지면 해당 주제에 대해 더욱 정확하고 깊이 있는 응답을 기대할 수 있습니다. '동물의 특징'이라는 일반적인 질문보다는 '호랑이의 주요 특징과 서식지'와 같은 구체적인 질문을 통해 해당 동물에 관한 보다 세부적이고 구체적인 정보를 제공받을 수 있게 됩니다.

- **다양한 질문 형식 시도**
  올바른 질문을 통해 필요한 지식을 효과적으로 얻는 것은 굉장히 중요하며, 프롬프트 엔지니어가 필요한 이유이기도 합니다. 특히, AI 모델과의 상호작용에서는 질문의 형식이 응답의 질에 큰 영향을 미칠 수 있습니다. 이에 따라, 다양한 질문 형식을 시도하는 것은 매우 유용한 전략이 될 수 있습니다.

사례 2) 문제 해결

- 문제 상황: 특정 문제나 상황에 대한 해결책이나 조언이 필요함.

- 프롬프트의 역할: 문제 상황을 명확하게 기술하여, ChatGPT로부터 적절한 조언을 받는 것.

■ 예시: '애플파이를 만들 때 자주 발생하는 실수와 그 대처 방법을 알려주세요.'

■ 위의 질문은 '애플파이 만들 때 주의할 점'보다 사용자의 의도를 더 명확하게 전달합니다. 이런 구체적인 질문을 통해 ChatGPT는 애플파이 제조 과정에서 주의해야 할 사항, 흔히 발생하는 실수, 그리고 이를 피하기 위한 구체적인 조언을 제공할 수 있습니다.

문제 해결 프롬프트 실용 팁

● 상황 설명

문제 해결 과정에서 상황을 구체적이고 정확하게 설명하는 것은 매우 중요합니다. 특히 GPT와 같은 AI 모델은 사용자가 제공한 정보를 기반으로 조언을 하기 때문에 명확하고 상세한 상황 설명을 통해 AI로부터 더 정확하고 유용한 답변을 기대할 수 있게 됩니다.

→ 상황을 구체적으로 설명함으로써, 사용자의 문제 상황과 요구사항을 더 명확하게 파악할 수 있습니다. 이를 통해 AI

모델은 사용자가 필요로 하는 정보와 답변을 보다 정확하고 적절하게 제공할 수 있습니다.

→ 사용자의 상세한 상황 설명을 통해 AI 모델은 문제의 복잡성과 세부 사항을 고려한 다양한 조언과 팁을 제공할 수 있습니다. AI 모델은 문제의 깊이와 너비를 더 잘 이해하고, 그에 맞는 다양한 해결책을 제시할 수 있습니다.

→ 사용자와 AI 모델 간의 의사소통 효율성을 향상시킵니다. 구체적인 상황 설명은 모델이 사용자의 요구를 빠르게 파악하고, 관련 정보나 조언을 신속하게 제공할 수 있도록 도와줍니다. 이는 시간이 중요한 상황에서 특히 고려되어야 합니다.

상황을 구체적으로 설명하는 것은 시간과 노력이 필요하지만, 정확한 정보와 조언을 얻기 위한 필수 과정입니다. AI 모델과의 효과적인 상호작용을 위해서는 사용자 스스로의 문제 상황과 필요성을 잘 파악하고, 그것을 명확하게 전달하는 능력이 요구됩니다.

● 목적 및 목표 설정

AI 기반의 시스템과의 상호작용 과정에서 사용자의 목적과 목표를 명확히 설정하는 것은 매우 중요합니다. 사용자가 자신의 의도와 목적을 분명하게 정의하면, AI가 사용자의 요구를 더 잘 이해하고, 그에 부합하는 유용한 정보와 솔루션을 제공할 수 있습니다.

→ 사용자의 실제 요구사항과 의도를 정확하게 파악하는 데 도움을 줍니다. 명확한 목적과 목표 설정은 AI 모델이 사용자의 필요와 기대에 맞는 답변을 제공할 수 있게 하는 기초가 됩니다.

→ 질문의 범위와 깊이를 제한함으로써, 보다 구체적이고 관련된 정보를 얻을 수 있습니다. 명확한 목적과 목표는 질문이 불필요하게 넓거나 깊어지는 것을 방지하고, AI 모델이 질문의 핵심에 초점을 맞추도록 합니다.

→ 효과적인 의사소통을 통해 시간과 노력을 절약할 수 있습니다. 사용자가 자신의 목적과 목표를 명확하게 전달하면, AI 모델은 불필요한 정보를 걸러내고 바로 핵심적인 정보를 제공할 수 있어, 사용자는 더 빠르게 원하는 결과를 얻을 수 있습니다.

이처럼 명확한 목적과 목표 설정은 AI와의 상호작용을 더욱 효과적이고 만족스러운 경험으로 만들어줍니다. 사용자가 자신의 요구를 분명하게 전달할수록, AI 모델은 더 정확하고 유용한 정보를 제공할 수 있으며, 이는 결국 사용자에게 큰 이점을 가져다줍니다.

목적과 목표를 정의하는 것은 초기에는 어려울 수 있습니다. 사용자가 자신의 실제 필요와 원하는 결과를 잘 모를 수도 있기 때문입니다. 그러나 어떤 결과가 이상적일지에 대한 생각과 AI와 계속 대화를 해보고, 여러 고민과 노력을 통해, 사용자는 자신의 실제 목적과 목표를 더욱 명확히 인식할 수 있으며, 그 결과, 효율적인 의사결정과 문제 해결이 가능해집니다.

● 관련 정보 제공

우리가 정보나 조언을 찾고자 할 때, 상황의 세부 사항과 배경 정보는 종종 중요한 역할을 합니다. 특히 AI 기반의 시스템과의 상호작용에서는, 사용자의 문제와 그 배경을 명확히 전달하는 것이 필수입니다. 그 이유는 간단합니다. 상세하게 제공된 정보는 효과적인 문제 해결을 위한 정확한 조언과 답변을 얻을 수 있도록 도와주기 때문입니다.

PART 2

프롬프트 엔지니어링 테크닉

기초 프롬프트 테크닉

프롬프트 엔지니어링은 단순히 프롬프트를 설계하고 개발하는 것이 아닙니다. 프롬프트 엔지니어링은 LLM(Large Language Model)과 인터페이스를 형성하고, 빌드하고, LLM의 기능을 이해하는 데 중요한 기술입니다. 프롬프트 엔지니어링을 사용하면 LLM의 안전성을 개선하고 도메인 지식 및 외부 도구를 통해 LLM을 확장하는 등 새로운 기능을 구축할 수 있습니다.

제로샷 프롬프팅(Zero-Shot Prompting)

대량의 데이터를 학습하고 지침을 따르도록 튜닝된 GPT는 제로샷(zero-shot)으로 작업을 수행할 수 있습니다. 아래는 제로샷 프롬프팅(Zero-Shot Prompting)의 예시 중 하나입니다.

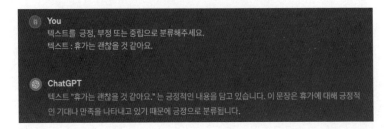

위의 프롬프트에서는 GPT에게 예제를 제공하지 않았습니다. 예시를 주지 않고 한 번에 문제를 해결하는 것을 제로샷 프롬프팅이라고 하며, 위의 답변에서 보듯이 GPT가 잘 분류하여 제대로 동작된 것을 알 수 있습니다.

퓨샷 프롬프팅(Few-Shot Prompting)

대규모 언어 모델은 제로샷에서도 답변을 제공하지만, 복잡한 질문의 경우에는 개선의 여지가 존재합니다. 퓨샷 프롬프팅은 이러한 모델들이 특정 작업을 더 효과적으로 수행할 수 있도록 유도하는 기술입니다. 기본적으로 다재다능한 미리 학습된 언어 모델도 구체적인 작업 지시가 없을 경우 답변 품질이 저하될 수 있습니다. 이때 퓨샷 프롬프팅을 활용하면 모델에게 필요한 작업을 명확하게 지시할 수 있습니다.

이 방법은 모델에게 몇 가지 예시(샷)를 제공함으로써 특정 작업을 어떻게 수행해야 하는지를 알려주는 것입니다. 언어 모델에게 감성 분석(Sentiment Analysis) 분류 작업을 지시하기 위해 적절한 프롬프트와 예시를 언급하여 이 분석을 정확하게 수행하도록 만들 수 있습니다.

예시)

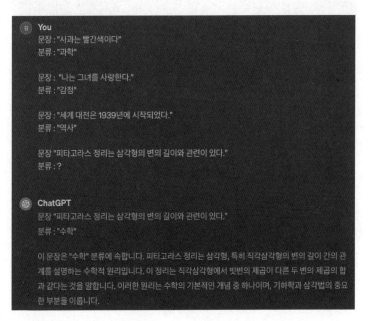

앞의 그림과 같이 몇 가지 예시를 제공한 후 마지막에 질문합니다. 여기서 제공된 예시들이 바로 '샷'이며, 이를 통해 모델은 작업을 이해하고 수행합니다.

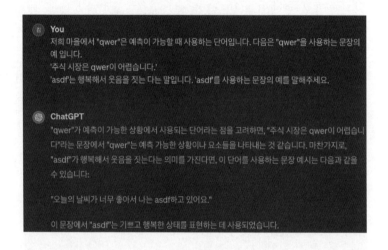

위의 질문에서 사용자가 GPT에게 몇 가지 예시를 제공하여 문장 응용 및 분류 작업을 잘 수행한 것을 볼 수 있습니다. 더 어려운 과제의 경우 예시(예, 3-shot, 5-shot, 10-shot 등)를 늘려가며 실험해 볼 수 있습니다.

생각의 사슬(CoT – Chain-of-Thought) 프롬프팅

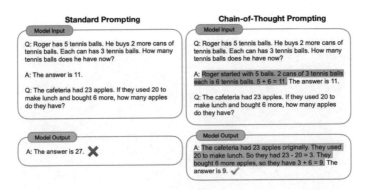

출처: Wei et al. (2022)

생각의 사슬(chain-of-thought, CoT) 프롬프팅은 복잡한 문제를 해결하기 위해 여러 단계의 논리적 추론 과정을 거치는 프롬프팅 방법입니다. 생각의 사슬 프롬프팅은 퓨샷 프롬프팅과 달리, 단일 작업이 아닌 연속적인 과정이나 복합적인 추론이 필요한 상황에 특히 적합합니다.

생각의 사슬 프롬프팅에서는 일련의 서브태스크(sub-tasks)를 정의하고 모델이 이를 차례로 해결하도록 지시합니다. 각 서브태스크는 앞서 진행된 단계의 결과를 다음 단계의 문제 해결을 위한 입력으로 활용합니다.

예시)

* Stock Sensei 라는 GPT 프롬프트를 입력 후 나온 예시입니다.

단계1)

You

애플, 아마존, 마이크로소프트 중 최근 1년간 어떤 주식이 가장 많이 상승했나요?

한국어로 대답해주세요

Stock Sensei

최근 1년간 애플, 아마존, 마이크로소프트 주식 중 어느 주식이 가장 많이 상승했는지 확인해보겠습니다. 잠시만 기다려 주세요.

지난 1년간 애플, 아마존, 마이크로소프트 주식 중에서 아마존 주식이 가장 큰 상승을 보였습니다. 구체적인 수치를 살펴보면 다음과 같습니다:

1. 아마존 (Amazon): 지난 1년 동안 주식 가격이 약 79.95% 상승했습니다.
2. 마이크로소프트 (Microsoft): 같은 기간 동안 약 50.01% 상승했습니다.
3. 애플 (Apple): 약 46.41% 상승했습니다.

이 데이터는 최근 1년간의 주가 변동을 기준으로 한 것이며, 이는 투자의 참고자료로 사용할 수 있습니다. 그러나 주식 시장은 다양한 요인에 의해 영향을 받기 때문에, 투자 결정을 내리기 전에는 항상 추가적인 분석과 조사가 필요함을 명심하세요.

단계2)

You

마이크로소프트의 주가 상승 이유를 분석해주세요

Stock Sensei

마이크로소프트(Microsoft) 주가 상승의 주요 원인을 분석하기 위해, 여러 요인을 고려해야 합니다. 이러한 요인들은 다음과 같습니다:

1. **강력한 사업 모델**: 마이크로소프트는 클라우드 서비스, 오피스 소프트웨어, 윈도우 운영 체제와 같은 핵심 사업 분야에서 지속적으로 수익을 창출하고 있습니다.
2. **클라우드 사업 성장**: 특히, 클라우드 서비스인 'Azure'의 성장이 마이크로소프트의 주가 상승에 중요한 역할을 했습니다. 많은 기업들이 디지털 전환을 추진하면서 클라우드 서비스에 대한 수요가 증가했습니다.
3. **지속적인 혁신과 투자**: 마이크로소프트는 인공 지능, 머신 러닝, 서버 제품 등 새로운 기술 분야에 지속적으로 투자하며 경쟁력을 강화하고 있습니다.
4. **경제적 탄력성**: 경제적 불확실성에도 불구하고, 마이크로소프트는 강력한 재무 구조와 높은 수익성을 유지하고 있습니다.
5. **분기별 실적 발표**: 마이크로소프트의 분기별 실적 발표는 시장의 기대치를 초과하는 경우가 많아, 투자자들의 신뢰를 얻고 주가를 상승시키는 요인이 되곤 합니다.

이와 같은 다양한 요인들이 마이크로소프트 주가 상승의 배경이 되었으며, 이러한 분석은 투자 결정에 도움이 될 수 있습니다. 그러나 주식 투자는 다양한 시장 조건과 개별 투자자의 위험 감수 능력에 따라 달라질 수 있으므로, 개인적인 투자 결정을 내리기 전에 충분한 조사와 분석이 필요합니다.

단계3)

앞의 예시에서는 각 단계가 이전 단계의 결과를 기반으로 새로운 작업을 수행하는 방식을 보여줍니다. CoT 프롬프팅은 모델이 복잡한 문제를 단계적으로 나누어 해결하는 데 도움을 줍니다.

CoT 프롬프팅은 데이터 분석, 복잡한 계산, 논리적 추론 등여러 분야에 적용 가능하며, 이 방식을 통해 모델은 훨씬 더 복잡한 문제를 해결할 수 있게 됩니다.

이 프롬프팅이 나온 후, 새로 나온 방식으로 '제로샷 생각의 사슬(zero-shot CoT)'이 있습니다. 제로샷 생각의 사슬(https://arxiv.org/abs/2205.11916)은 입력한 기존 프롬프트에 '단계별로 생각하기(Think step-by-step)'를 추가하여, GPT의 생각이 정리되면서 답변을 출력하는 프롬프팅입니다.

간단한 질문을 통해 모델이 어떻게 작동하는지 살펴보겠습니다.

예시)

– 일반적인 방식의 질의

> **You**
> 구독 기반 소프트웨어 회사에는 2,000명의 고객이 있습니다. 이번 달에 400명의 신규 고객을 확보하고, 이탈로 인해 500명의 고객을 잃었습니다. 이 회사의 순 고객 증가율은 얼마일까요?

> **ChatGPT**
> 이 회사의 순 고객 증가율을 계산하기 위해 먼저 순 고객 변화량을 계산해야 합니다. 순 고객 변화량은 신규 고객 수에서 이탈한 고객 수를 뺀 값입니다. 이 경우, 400명의 신규 고객을 확보했고, 500명의 고객이 이탈했으므로 순 고객 변화량은 -100명입니다.
>
> 순 고객 증가율은 다음 공식을 사용하여 계산할 수 있습니다:
> $$순 고객 증가율 = \left(\frac{순 고객 변화량}{초기 고객 수}\right) \times 100\%$$
>
> 여기서 초기 고객 수는 2,000명입니다. 이를 계산해 보겠습니다.
>
> 이 회사의 순 고객 증가율은 -5%입니다. 이는 이번 달에 고객 수가 전체적으로 5% 감소했음을 의미합니다.

– 단계별로 생각하기(Step-by-step)를 추가한 대답

> **You**
> 구독 기반 소프트웨어 회사에는 2,000명의 고객이 있습니다. 이번 달에 400명의 신규 고객을 확보하고, 이탈로 인해 500명의 고객을 잃었습니다. 이 회사의 순 고객 증가율은 얼마일까요? Let's think stey-by-step.
>
> **ChatGPT**
> 물론이죠, 이 문제를 단계별로 풀어보겠습니다.
>
> 1. **기존 고객 수 파악**: 구독 기반 소프트웨어 회사에는 원래 2,000명의 고객이 있습니다.
> 2. **신규 고객 확보**: 이번 달에 회사는 400명의 신규 고객을 확보했습니다.
> 3. **고객 이탈**: 동시에, 500명의 고객이 이탈했습니다.
> 4. **순 고객 증가율 계산**: 순 고객 증가율은 신규 고객 수에서 이탈한 고객 수를 뺀 뒤, 원래 고객 수로 나누어 계산합니다. 공식은 다음과 같습니다:
>
> $$\text{순 고객 증가율} = \frac{\text{신규 고객 수} - \text{이탈한 고객 수}}{\text{원래 고객 수}} \times 100\%$$
>
> 이제 이 공식에 숫자를 대입하여 계산해 보겠습니다.
>
> 이 회사의 순 고객 증가율은 -5%입니다. 이는 회사의 고객 기반이 실제로 이번 달에 5% 감소했음을 의미합니다.

앞의 예시에서는 사용자의 질문에 대해 모두 잘 답변하였지만, 일반적으로 ChatGPT와 같은 생성형 AI 모델은 숫자 처리에 다소 취약한 면이 있습니다. 제로샷 생각의 사슬은 대답이 나온 과정을 확인하고자 할 때 유용하며, 특히 사용할 예시가 많지 않은 상황에서 많이 쓰입니다.

프롬프트 엔지니어링에서 'Chain of Thought'를 활용하는 것은 AI로부터 필요한 정보나 반응을 얻는 데 효과적인 방법이 될 수 있습니다. AI의 답변을 조절하거나 유도하기 위해 연관된 질문을 연속적으로 제시하는 것은 중요한 엔지니어링 기술 중 하나입니다.

생각의 나무(ToT - Tree of Thoughts) 프롬프팅

생각의 나무(ToT) 프롬프팅은 기존의 생각의 사슬 프롬프팅(CoT) 개념을 발전시켜 ChatGPT와 같은 대규모 언어 모델(LLM)이 뛰어난 추론 능력을 발휘할 수 있도록 하는 방법입니다. 이 방식은 추론 과정을 트리로 표현하며, 트리 구조에서 발생된 각 노드는 더 큰 문제를 해결하기 위한 단계적인 '생각' 또는 추론 과정의 일부로 사용됩니다.

이 방식은 AI에게 프롬프트로 명령하여, 주어진 현재 생각(노드)에서 가능성 있는 수많은 다음 생각을 생성하고, 생각들을 전체 목표와 비교하여 필요에 따라 앞 단계를 되짚거나 건너뛰는 시스템을 LLM에 제공합니다.

ToT 프레임워크는 다음과 같습니다.

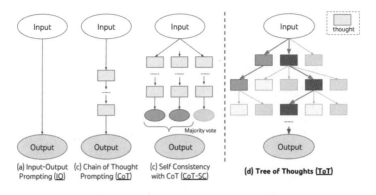

출처: Yao et el. (2023)

다음 그림에서 확인되는 것처럼, ToT는 다른 프롬프팅 방법들보다 월등히 뛰어납니다.

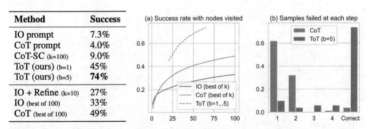

Method	Success
IO prompt	7.3%
CoT prompt	4.0%
CoT-SC (k=100)	9.0%
ToT (ours) (b=1)	45%
ToT (ours) (b=5)	**74%**
IO + Refine (k=10)	27%
IO (best of 100)	33%
CoT (best of 100)	49%

Table 2: Game of 24 Results.　Figure 3: Game of 24 (a) scale analysis & (b) error analysis.

출처: Yao et el. (2023)

'생각의 나무' 방식을 활용하여 대화나 의사결정 과정을 구조화하는 것은 흥미로운 방법 중 하나입니다.

여기서는 세 가지 인물(대답자, 비평자, 최종 결정자)을 설정하여 이 방식을 적용해 보겠습니다.

1. 대답자: 이 인물은 질문이나 주제에 대한 초기 반응이나 대답을 제시합니다.
2. 비평자: 이 인물은 대답자의 의견에 대해 비평적인 관점에서 분석하고 반박합니다.
3. 최종 결정자: 이 인물은 대답자와 비평자의 의견을 종합하여 최종적인 결론이나 대답을 제시합니다.

예시)

> **You**
> 회사가 이번에 새로운 밀키트 제품을 런칭해요.
> 이 제품에 대한 마케팅 계획을 세워야 해요.
> 마케팅 기간은 3개월 이고, 자금은 50,000,000원 입니다.
> 당신은 3명의 마케팅 디렉터로 대답을 해주세요.
> 각 디렉터의 이름은 A,B,C 입니다.
>
> A는 이 밀키트를 위한 마케팅을 어떻게 할 건지 꼼꼼하게 계획을 세워주세요. 계획마다 얼마를 할당할지 적어주세요.
>
> B는 A의 계획에서 문제점들을 찾아서 적어주세요.
>
> C는 B가 찾은 문제점을 보완하여, 보다 완벽한 계획을 세워주세요.

마케팅 디렉터 A의 계획

예산: 50,000,000원
기간: 3개월

1. **소셜 미디어 광고 (15,000,000원)**
   - 인스타그램과 페이스북을 통한 타깃 광고.
   - 인플루언서와 협업하여 제품 리뷰 및 홍보.
2. **온라인 마켓 플레이스 프로모션 (10,000,000원)**
   - 쿠팡, G마켓 등 주요 온라인 마켓에서 프로모션 및 할인 이벤트 진행.
3. **이메일 마케팅 (5,000,000원)**
   - 기존 고객 데이터베이스를 활용한 이메일 캠페인.
   - 신제품 출시 소식, 할인 코드 제공.
4. **콘텐츠 마케팅 (10,000,000원)**
   - 블로그, 유튜브 등을 통한 요리 콘텐츠 제작.
   - 제품 사용법, 요리 레시피 공유.
5. **오프라인 이벤트 (10,000,000원)**
   - 주요 쇼핑몰 및 마트에서 시식회 및 판촉 이벤트 진행.

마케팅 디렉터 B의 문제점 지적

- **소셜 미디어 광고:** 인플루언서 선택의 중요성, 부정적 리뷰의 가능성.
- **온라인 마켓 플레이스 프로모션:** 경쟁이 심한 플랫폼에서의 독특한 전략 부재.
- **이메일 마케팅:** 스팸으로 분류될 위험, 고객 참여율 저조 가능성.
- **콘텐츠 마케팅:** 지속적인 콘텐츠 생성의 어려움, 고품질 콘텐츠 제작 비용 고려 필요.
- **오프라인 이벤트:** 코로나19 등의 외부 요인에 의한 오프라인 행사 제약.

마케팅 디렉터 C의 보완된 계획

1. **타겟화된 소셜 미디어 광고 (15,000,000원)**
   - 신중한 인플루언서 선정 및 성과 기반 계약.
   - 특정 연령대, 관심사를 가진 타깃 그룹에 집중.
2. **차별화된 온라인 마켓 전략 (10,000,000원)**
   - 독특한 패키징 또는 한정판 제품 출시.
   - 경쟁사 대비 우위를 점할 수 있는 요소 강조.
3. **개인화된 이메일 마케팅 (5,000,000원)**
   - 고객의 구매 이력과 관심사에 기반한 맞춤형 이메일.
   - 이메일 개봉률과 클릭률 추적 및 최적화.
4. **고품질 콘텐츠 마케팅 (10,000,000원)**
   - 전문가와 협력하여 고품질 요리 콘텐츠 제작.
   - SEO 최적화를 통한 블로그 트래픽 증가.
5. **유연한 오프라인/온라인 행사 조합 (10,000,000원)**
   - 오프라인 이벤트와 온라인 라이브 스트리밍 결합.
   - 사회적 거리두기 지침 준수 및 온라인 참여 옵션 제공.

'생각의 나무' 프롬프트는 대화를 구조화하고 안내하는 방법으로도 쓰이고 있으며, 주제 탐색의 깊이와 폭을 모두 보장합니다. 주제나 질문에 대한 다양한 관점과 깊이 있는 분석을 통해 풍부하고 균형 잡힌 대화나 결정을 이끌어내며, 일반 고객과 타깃 고객 모두를 만족시키는 프롬프트를 체계적으로 구성하여 사용자-AI 상호작용을 더욱 풍부하고 의미 있게 만들 수 있습니다.

PART 3

프롬프트 프레임워크

3.1 컨디셔널 프롬프트(Conditional Prompts)

컨디셔널 프롬프트(Conditional Prompts)는 상황에 따라 다르게 반응하는 질문 또는 명령을 의미하며, 사용자의 특정 상황이나 조건에 따라 다르게 반응하도록 프롬프트를 설계할 수 있습니다. 이는 대화형 인터페이스, 특히 챗봇이나 음성 인식 서비스에서 중요한 요소입니다. 최근 생성형 AI(Generative AI)가 주목받으면서 컨디셔널 프롬프트의 중요성이 부각되고 있는데 AI가 사용자의 입력을 정확히 이해하고, 상황에 맞는 적절한 반응을 제시하는 것이 필수이기 때문입니다.

컨디셔널 프롬프트의 개념을 더 깊이 이해하기 위해서는 먼저

AI가 어떻게 학습하고 반응하는지를 알아야 합니다. AI는 대량의 데이터를 바탕으로 학습을 진행합니다. 이 과정에서 AI는 다양한 패턴과 상황을 인식하게 되며, 이를 바탕으로 특정 입력에 대한 반응을 '학습'합니다. 이러한 학습 과정이 진행될수록 AI는 더욱 정교하고 상황에 맞는 반응을 할 수 있게 됩니다.

ChatGPT와의 대화에서의 컨디셔널 프롬프트

일상에서 생성형 AI와의 상호작용은 점점 더 자연스러워지고 있습니다. 똑똑한 AI와의 대화를 더 효과적으로 만들기 위해서는 어떤 질문을 해야 할까요? 앞에서 다뤘던 명확성, 다양성 및 목표 지향성 등을 활용하여 ChatGPT와의 대화에서 사용할 수 있는 컨디셔널 프롬프트에 대해 살펴보겠습니다.

제목 추천을 위한 프롬프트

- 사용자: '글로벌 데이터 분석 트렌드에 대한 세미나가 다음 주에 있는데 세미나 발표를 위한 보고서 제목을 추천해줘.'
- ChatGPT: '물론이죠, 그런데 더 구체적인 내용을 알려

주실 수 있나요? 예를 들어, 특정 산업 분야나 분석에 사용된 기술, 주요 발견 사항 등이 있을까요?'

- 사용자 질문 분석: 사용자는 전문적인 데이터 분석 보고서용 제목을 요청하고 있지만, 구체적인 정보가 부족하여 효과적인 제목을 제안하기 어렵습니다. ChatGPT는 단순한 정보 제공자가 아니라, 사용자의 요구에 맞춰 최적화된 결과를 제공하려고 합니다.

- 최적의 질문: '보고서의 주제는 최근 AI와 빅데이터를 활용한 소매업계의 소비자 행동 분석이에요. 또한, 이를 통해 얻은 트렌드 예측과 시장 전략에 관한 내용도 포함되어 있어요. 이런 내용을 잘 반영하는 제목은 어떻게 하면 좋을까요?'

- ChatGPT 응답 예시: "AI와 빅데이터가 밝혀낸 새로운 소매 트렌드: 소비자 행동 분석과 시장 전략으로 이어지는 여정'이라는 제목은 어떠신가요? 이 제목은 보고서의 핵심 주제를 포괄하며, 청중의 호기심을 자극할 수 있을 것입니다.'

보고서나 발표의 제목을 결정할 때는, 내용의 핵심을 간결하게 담되 동시에 청중의 흥미를 유발할 수 있는 요소를 포함하는 것이 중요합니다.

ChatGPT에게 구체적인 정보를 제공하면 보다 창의적이고 매력적인 제목을 제안받을 수 있습니다. 이를 위해, 보고서의 주요 주제, 중점적으로 다룬 내용, 타깃 청중의 특성 등을 고려하여 정보를 제공하는 것이 좋습니다. 이렇게 되면 ChatGPT는 질문자의 보고서나 발표에 가장 적합한 제목을 제안할 수 있습니다.

건강한 식습관 조언 프롬프트

- 사용자: '건강을 위해 어떤 식습관을 가져야 할까요?'

- ChatGPT: '건강한 식습관을 원하시는군요! 혹시 현재 특별한 식단을 따르고 계시나요, 아니면 특정 건강 문제가 있으신가요? 예를 들어, 당뇨병, 고혈압 또는 체중 관리와 같은 것이 있으신가요? 이러한 정보를 바탕으로 더 맞춤형의 식습관 조언을 드릴 수 있습니다.'

- 분석: 이 대화에서 ChatGPT는 사용자의 질문에 대해 단순한 답변을 넘어 사용자의 개인적인 건강 상태와 필요를 고려한 맞춤형 조언을 제공합니다. 이를 통해 사용

자는 자신의 상황에 맞는 구체적이고 실용적인 식습관 조언을 얻을 수 있습니다.

- 최적의 질문: '건강을 위한 식습관을 가지고 싶어요. 현재 제 건강은 특별히 문제는 없지만, 빈혈이 있어요. 그리고 따로 영양제 같은 건 먹지 않고 있고, 실생활에서 간단히 먹을 수 있으면서도 몸 건강에 좋은 식습관을 말해주세요. 당뇨나 혈당은 아직 모르겠는데, 검사를 받아볼 예정입니다.'

- ChatGPT 응답 예시: '만약 당뇨병을 관리하고 계시다면, 혈당 수치를 안정적으로 유지하기 위한 저당 식단을 추천드릴 수 있습니다. 예를 들어, 정제된 탄수화물과 설탕이 적은 식단을 구성하고, 섬유질이 풍부한 과일과 채소를 더 많이 섭취하는 것이 좋습니다. 또한, 정기적으로 식사하는 습관을 가지는 것도 중요합니다. 혹시 체중 관리가 필요하시다면, 칼로리 섭취를 조절하고 규칙적인 운동을 병행하는 것이 효과적일 수 있습니다. 이 경우, 포화 지방과 당분이 적은 식품을 선택하고, 단백질과 섬유질이 풍부한 식사를 하는 것이 좋습니다.'

건강한 식습관에 대한 조언을 제공할 때, 사용자의 개인적인 상황을 고려하는 것이 중요합니다. 예를 들어, 직장인의 경우 간편하게 준비할 수 있는 건강한 도시락 아이디어를 제공하거나, 바쁜 일상 속에서도 실천할 수 있는 간단한 식습관 개선 방법을 제안할 수 있습니다. 또한, 사용자의 식습관 변경을 돕기 위해 쉽게 접근할 수 있는 영양 정보나 건강한 레시피를 제공하는 것도 유용합니다.

'그럼 여기서 컨디셔널 프롬프트는 어떻게 설정해요?'라고 생각하실 수 있습니다. 다음 그림과 같이, 사용자의 질문에 GPT가 대답을 출력하기 전에, 정확한 정보를 제공하기 위해 필요한 정보를 나에게 물어보라고 명령함으로써, GPT는 필요한 정보들을 사용자에게 먼저 물어보도록 할 수 있습니다. 이러한 컨디셔널 프롬프트의 설정은 AI와의 상호작용을 통해 사용자에게 더욱 맞춤화된 정보와 서비스를 제공하는 데 중요한 역할을 합니다.

You
제가 질문을 하기 전에, 정확한 답변을 하기 위해 알아야 할 정보들을 물어 봐 주세요. 제 질문은 '건강한 식습관을 추천해줘' 입니다.

ChatGPT
물론이죠, 건강한 식습관에 대한 추천을 위해 다음과 같은 정보가 도움이 될 것 같습니다:

1. **현재의 식습관**: 현재 섭취하고 계신 주요 식단이나 선호하는 음식들에 대해 알려주세요. 이를 통해 개선해야 할 점이나 이미 잘하고 계신 부분을 파악할 수 있습니다.
2. **건강 상태 및 목표**: 체중 관리, 특정 질병 예방 혹은 관리(예: 당뇨병, 고혈압), 체력 증진 등의 목표가 있으신지요? 건강 상태(예: 알레르기, 소화 불량)에 대한 정보도 중요합니다.
3. **라이프스타일**: 일상적인 활동 수준(예: 운동 빈도), 일과 패턴(예: 야간 근무), 식사 준비 시간 및 가능성 등에 대해 알려주세요.
4. **식사 선호도 및 제한사항**: 좋아하는 음식, 싫어하는 음식, 종교적 혹은 윤리적 이유로 피하는 음식 (예: 채식주의) 등이 있을 수 있습니다.

이러한 정보를 바탕으로 개인에게 맞춤화된 건강한 식습관을 추천드릴 수 있을 것입니다.

컨디셔널 프롬프트는 다양한 상황에서 활용될 수 있는데, 의료 분야에서 환자의 증상에 따라 다른 진단을 제시하거나, 교육 분야에서 학생의 학습 수준에 맞는 맞춤형 교육 콘텐츠를 제공하는 것 등이 이에 해당합니다. 이처럼 컨디셔널 프롬프트는 AI의 응용 범위를 확장하는 중요한 역할을 합니다.

이러한 프롬프트의 설계와 구현에는 몇 가지 핵심 요소가 있습니다. 첫째, 정확한 상황 인식 능력이 필요합니다. AI가 사용자의 상황을 정확하게 파악하고 이해하는 것이 중요합니다. 이를 위해 다양한 유형의 데이터와 상황을 포괄하는 광범위한 학습 데이터셋을 제공해야 합니다. 둘째, 유연한 대응 메커니즘이 필요합니다. 상황에 따라 다양한 형태의 반응을 제시할 수 있어야 하며, 이를 위해서는 AI 모델이 다양한 시나리오에 대응할 수 있는 유연성을 갖추고 있어야 합니다.

컨디셔널 프롬프트의 설계 및 구현에 있어서 고려해야 할 또 다른 중요한 요소는 사용자의 개인화된 경험입니다. 사용자마다 각기 다른 배경, 관심사, 필요가 있으므로, AI가 이를 인식하고 반영하는 것이 중요합니다.

이 프롬프트는 AI 기술의 발전과 함께 중요도가 높아질 것이라고 생각합니다. 사용자 경험을 향상하고, AI의 응용 범위를 확장하며, AI 기술의 발전을 이끄는 핵심 요소로서 그 가치를 더욱 인정받을 것입니다.

3.2 RTPR 프레임워크

RTPR(Role, Task & Tone, Purpose, Rules) 프레임워크는 ChatGPT나 다른 대화형 AI 모델을 사용할 때 효과적인 프롬프트 구성을 위한 핵심적인 도구입니다. RTPR은 '역할(Role)', '작업 및 톤(Task & Tone)', '목적(Purpose)', '규칙(Rules)'의 네 가지 요소로 구성되어 있으며, 각각은 AI와의 상호작용에서 특별한 기능과 중요성을 가집니다.

역할(Role)

'역할(Role)'은 AI 모델이 특정 상황이나 맥락에서 어떻게 작동해야 하는지를 규정하는 요소입니다. 프롬프트 엔지니어링에서 이 개념은 모델이 특정한 전문 지식이나 역량을 가진 것처럼 행동하도록 지시하는 데 사용됩니다. 이를 통해 AI는 의사, 데이터 분석가, 부동산 전문가 등 다양한 역할을 수행할 수 있습니다. 이러한 역할 지정은 AI의 유용성을 크게 향상시키며, 사용자와의 상호작용을 더욱 효과적이고 목적에 부합하게 합니다.

AI 모델, 특히 대화형 모델인 ChatGPT와 같은 경우, 사용자의 질문이나 명령에 대한 응답을 생성합니다. 이때 모델에게 특정 '역할'을 부여하면, 모델은 해당 역할에 맞는 지식, 어휘, 심지어는 대화 스타일을 사용하여 응답합니다.

GPT에게 역할이 있을 때와 없을 때의 차이점에 대해 살펴보겠습니다. 질문은 '프롬프트 엔지니어의 미래에 대해서 어떻게 생각해요?'입니다.

앞의 그림에서 볼 수 있듯이, 페르소나가 없는 경우에는 객관적이고 포괄적인 정보를 제공하는 반면, 페르소나가 있는 경우에는 해당 페르소나의 전문적 관점을 반영하여 더 주관적이고 특정한 관점을 가지고 답변합니다. 그리고, 그 페르소나의 성격이나 역할에 맞는 어조를 사용하여 좀 더 사람과 대화하는 방식으로 서술합니다.

이 차이는 GPT가 수행해야 할 역할에 따라 달라집니다. 앞의 예시를 통해 우리는 GPT가 생성하는 응답의 품질이 역할 설정에 따라 바뀌는 것을 확인했습니다. 역할 설정은 프롬프트에 '목적'을 부여하며, 이는 GPT가 어떤 유형의 응답을 생성할지를 결정짓는 기준이 됩니다.

사용자가 뉴스 요약을 원한다면 GPT는 정보 전달자의 역할을, 주식시장 분석을 원한다면 전문가의 역할을 수행해야 합니다. 역할에 맞는 프롬프트를 제공함으로써, 우리는 GPT가 제공하는 응답이 더욱 정확하고 유용하며, 사용자에게 만족스러운 경험을 제공할 수 있도록 할 수 있습니다.

역할을 지정하면 다음과 같은 효과를 확인할 수 있습니다.

- 정확도 향상: 모델이 특정 역할을 맡음으로써, 해당 분야에 대해 더 정확하고 심층적인 정보를 제공할 수 있습니다.
- 사용자 경험 개선: 사용자는 마치 실제 전문가와 대화하는 것 같은 경험을 하게 되어, AI와의 상호작용이 더 만족스럽고 유익해집니다.
- 맥락 이해: 특정 역할을 부여함으로써 모델은 주어진 맥락을 더 잘 이해하고, 상황에 적합한 답변을 제공할 수 있습니다.
- 예시: '당신은 경험이 풍부한 부동산 투자 분석가입니다.'

작업 및 톤(Task & Tone)

'작업 및 톤(Task & Tone)'은 AI에게 주어진 작업과 그 작업을 수행할 때의 어조 또는 스타일을 정의합니다. 이는 AI가 목표를 달성하는 방법뿐만 아니라 그 과정에서의 커뮤니케이션 스타일을 결정하는 중요한 요소입니다.

- 작업(Task): AI에게 주어지는 작업은 모델이 수행해야 하는 구체적인 활동 또는 문제 해결 과제를 의미합니다. 이는 데이터 분석, 정보 검색, 창작 활동 등 다양할 수 있습니다. 정확한 작업 지정은 AI가 목표에 맞는 결과를 도출하는 데 필요하며, 작업이 명확하고 구체적일수록 AI의 성능과 결과의 정확도는 높아집니다.

- 톤(Tone): 톤은 AI가 정보를 전달하는 방식, 즉 어조, 스타일, 태도를 나타내며 공식적, 친근한, 전문적, 캐주얼 등 다양하게 설정할 수 있습니다. 적절한 톤은 정보를 더 효과적으로 전달하고 사용자의 만족도를 향상시킵니다.

- 예시: '최근 5년간의 부동산 가격 데이터를 분석하고, 전문적이며 분석적인 톤으로 결과를 설명하세요.'

목적(Purpose)

프롬프트의 최종 목적이 무엇인지 명확히 합니다. AI에게 작업의 최종 목표를 명확히 제시하여, 더 효율적이고 목표 지향적인 결과를 도출하게 합니다. 명확한 목적은 AI가 더 유용하고 실용적인 정보를 제공하도록 유도합니다.

- 예시: '이 분석은 향후 부동산 투자 결정에 중요한 참고 자료가 될 것입니다.'

규칙(Rules)

앞서 설명한 컨디셔널 프롬프트와 비슷합니다. AI에게 명령을 줄 때, 해당 작업을 수행하는 동안 따라야 할 특정 규칙이나 제약 조건을 명시합니다. 규칙을 설정함으로써 AI는 일관된 방법으로 작업을 수행할 수 있으며, 결과의 정확도가 향상됩니다. 그뿐만 아니라, 명확한 규칙은 AI가 불필요한 작업을 피하고, 목적에 맞게 집중할 수 있으며, 설정된 규칙에 따라 작업을 수행함으로써 AI 답변의 신뢰성을 개선할 수 있습니다.

- 예시: '누락된 데이터는 제외하고, 연평균 성장률을 계산해 주세요.'

다음은 RTPR 프레임워크를 활용한 샘플 프롬프트입니다.

당신은 데이터 분석의 전문가입니다.

이 데이터는 웹사이트에서 사용자들이 어떤 기능들을 사용했는지, 사용자 아이디, 기능 클릭 수, 페이지별 체류 시간 등이 담겨 있습니다.

최근 6개월간의 사용자 활동 데이터를 분석하여, 어떤 기능이 가장 많이 사용되는지 파악하세요. 이 분석은 개발팀이 어떤 기능을 개선할지 결정하는 데 도움을 줄 것입니다.

작업 중에는 다음의 규칙을 지켜주세요.
1) 누락된 데이터는 제외합니다.
2) 사용 빈도가 높은 상위 5개의 기능을 리스트업합니다.

가지고 있는 파일들에 대한 정보를 프롬프트에 간단히 입력하여, 사용자가 원하는 조건의 데이터 값들을 추출할 수 있습니다. 이렇게 RTPR 프레임워크를 사용하면, AI 모델은 특정 문맥과 목적에 더 적합한 응답을 생성할 수 있습니다. 이는 문제 해결과 의사결정 과정을 보다 정확하고 효율적으로 만듭니다.

그럼 이 프레임워크를 어떻게 적용하는지 예시를 통해 알아보도록 하겠습니다.

예시 1: 부동산 투자 분석가로서 부동산 시장 분석하기

ChatGPT 프롬프트 예

R(Role): 당신은 부동산 투자에 깊은 이해와 경험을 지닌 분석가입니다.

부동산 분석가로서, 당신은 다양한 분석 도구와 방법론을 사용하여 데이터를 해석합니다. 이러한 도구와 방법론은 시장의 복잡성을 이해하고, 투자자들에게 명확하고 신뢰할 수 있는 정보를 제공하는 데 필수적입니다. 또한, 부동산 시장의 특성상, 경제적, 사회적, 정치적 요인들이 시장에 미치는 영향을 고려하는 것도 중요합니다. 예를 들어, 경제 성장, 인구 이동, 정책 변화 등은 부동산 시장에 직접적인 영향을 미치며, 이러한 요인들을 분석하는 것은 투자 결정을 내리는 데 있어 중요한 기준이 됩니다.

T(Task & Tone): 분석가로서 해야 할 일은, 최근 5년간의 부동산 가격 데이터를 분석하는 것입니다. 단순히 데이터를 수집하고 분석하는 것이 아니라, 그 데이터가 가진 의미를 이해하고, 그것을 바탕으로 전략적인 결정을 내릴 수 있어야 합니다. 예를 들어, 특정 지역의 부동산 가격이 급등한 경우, 그 이유

를 분석하고, 이것이 향후 시장에 어떤 영향을 미칠지를 예측해야 합니다.

전문적이면서도 분석적인 톤을 유지하는 것이 중요합니다. 전문적인 톤은 데이터와 시장 분석에 대한 신뢰성을 높이며, 투자자들에게 명확하고 정확한 정보를 제공합니다.

P(Purpose): 분석의 궁극적인 목적은 투자에 가장 이상적인 지역을 결정하는 것입니다. 이 목적을 달성하기 위해, 분석가는 시장 데이터를 면밀히 검토하고, 다양한 지표를 통해 각 지역의 투자 가치를 평가합니다. 이 과정은 단순히 수익성 높은 지역을 찾는 것을 넘어서, 장기적인 시장 전망과 지속 가능한 투자 기회를 식별하는 것을 포함합니다. 이는 투자자들이 정보에 기반한 결정을 내릴 수 있도록 돕고, 시장의 변동성에 대비할 수 있게 합니다.

R(Rules): 이 목적을 수행하면서 아래와 같은 규칙을 반드시 따라야 합니다.

1) 누락된 데이터는 분석에서 제외해야 합니다. 누락된 데이터를 포함하는 것은 분석 결과의 정확성을 해칠 수 있으며, 잘못된 결론으로 이어질 수 있습니다.

2) 연평균 성장률을 계산하여 각 지역의 성장 추세를 평가합니다. 이는 지역별 부동산 가격의 변화를 이해하는 데 중요한 지표가 됩니다.

3) 가격 변동성을 측정하여 시장의 안정성을 평가합니다. 변동성이 높은 시장은 높은 수익성을 제공할 수 있지만, 동시에 높은 위험도 존재합니다.

4) 이상치를 식별하고 그 원인을 분석합니다. 이상치는 시장에서 비정상적인 현상을 나타내며, 이를 이해하는 것은 시장 분석에 중요한 통찰력을 제공합니다.

예시 2: 마케팅 전략가로서 새로운 캠페인 기획하기- 실전

RTPR을 모두 입력 후, 마지막에 어떤 상품인지를 명시하였
습니다.

그럼 다음 그림과 같이, 마케팅 전략을 기획을 시작합니다.

마케팅 전략가로서 새로운 선풍기 제품 라인을 위한 광고 캠페인을 기획하겠습니다. 다음은 제안된 전략의 개요입니다:

1. 캠페인 컨셉: "시원함을 넘어서, 라이프스타일을 바꾸다"

- **톤**: 창의적이고 현대적인 디자인, 역동적이고 상쾌한 분위기.
- **메시지**: 선풍기를 단순한 냉방 기구가 아닌, 일상의 품격을 높여주는 라이프스타일 제품으로 포지셔닝.

2. 타겟 고객군: 25-35세 젊은 성인

- **분석**: 이 연령대는 디자인과 기능성을 중시하며, 디지털 미디어에 능숙.
- **전략**: 스타일리시하고 혁신적인 제품 디자인 강조, 생활의 질 향상 메시지 전달.

3. 디지털 마케팅 채널 전략

- **소셜 미디어**: 인스타그램과 페이스북에서 타겟 고객에 맞는 맞춤 광고 캠페인 진행.
- **인플루언서 마케팅**: 생활스타일 및 디자인 관련 인플루언서와 협력하여 제품 리뷰 및 콘텐츠 제작.
- **이메일 마케팅**: 구독자 목록을 활용하여 제품 정보와 프로모션 소식 전달.

4. 예산 관리

- **예산 분배**: 총 $50,000 중, 50%는 디지털 광고에, 30%는 인플루언서 마케팅에, 20%는 콘텐츠 제작과 이메일 마케팅에 할당.
- **ROI 모니터링**: 광고 성과를 지속적으로 모니터링하고 비용 효율적인 채널에 더 집중.

5. 콘텐츠 및 캠페인의 창의적 요소

- **비주얼 스토리텔링**: 제품의 우아한 디자인과 기능성을 강조하는 고품질 이미지와 비디오.
- **특별 프로모션**: 한정판 디자인 출시, 시즌별 할인 이벤트.
- **인터랙티브 캠페인**: 고객 참여 이벤트, 예를 들어, 사용자가 직접 디자인한 선풍기를 선정하는 투표 이벤트.

6. 성과 측정 및 조정

- **KPIs 설정**: 웹사이트 트래픽, 소셜 미디어 참여도, 이메일 캠페인 반응률, 매출 증대.
- **지속적인 평가**: 캠페인의 효과를 주기적으로 평가하고 필요에 따라 전략 조정.

이 전략은 선풍기를 단순한 제품이 아닌, 25-35세 타겟 고객의 라이프스타일을 향상시키는 요소로 포지셔닝하면서, 디지털 마케팅 채널을 통해 효과적으로 메시지를 전달하고, 예산 내에서 최대의 효과를 내는 데 초점을 맞추고 있습니다.

이와 같이 답변을 받고, 이전에 배웠던 CoT 또는 ToT 등을 사용하여 단계별로 상세한 대답을 이끌어낼 수 있습니다.

GPT는 토큰 제한이 있어 대부분 축약된 내용을 한 프롬프트에서 제공하려고 하므로, 큰 그림을 그려 놓은 후 특정 부분을 언급함으로써 더 세부적인 정보를 얻을 수 있습니다.

> **You**
> 그럼 1번부터 시작할까요? 광고 캠페인을 성공하기 위해, 1.캠페인 컨셉을 더 구체적으로 적어주세요.
>
> **ChatGPT**
> 물론이죠, "시원함을 넘어서, 라이프스타일을 바꾸다"라는 캠페인 컨셉을 더 구체화해 보겠습니다.
>
> **캠페인 컨셉: "시원함을 넘어서, 라이프스타일을 바꾸다"**
>
> 목표
> - 선풍기를 단순한 냉방 기구가 아닌, 일상의 품격을 높여주는 라이프스타일 제품으로 재정의합니다.
> - 타겟 고객인 25-35세 젊은 성인들이 이 제품을 통해 자신의 생활 공간과 개성을 표현할 수 있음을 강조합니다.
>
> 메시지 포인트
> 1. **디자인 중심:** 현대적이고 스타일리시한 디자인으로, 선풍기가 집안의 미적 요소로 강조됩니다.
> 2. **기능성과 편의성:** 첨단 기술로 더 조용하고, 더 효율적인 냉방을 제공합니다.
> 3. **개인 맞춤형 사용:** 사용자의 생활 스타일과 필요에 맞게 조절 가능한 다양한 기능을 부각합니다.
>
> 비주얼 요소
> - **고품질 이미지와 비디오:** 제품의 우아한 디자인과 기능성을 선명하게 보여주는 이미지와 비디오를 사용합니다.
> - **라이프스타일 연출:** 다양한 인테리어 스타일에 잘 어울리는 선풍기를 보여주는 시나리오를 연출합니다.
> - **색상과 무드:** 청량감과 현대적인 느낌을 주는 색상 팔레트와 조명을 사용하여 제품을 돋보이게 합니다.
>
> 커뮤니케이션 전략
> - **소셜 미디어 캠페인:** "나만의 라이프스타일을 완성하는 선풍기"라는 주제로 사용자들의 집안 인테리어 사진 공유 이벤트를 진행합니다.
> - **인플루언서 콜라보레이션:** 인테리어 및 라이프스타일 인플루언서들과 협력하여 제품의 다양한 활용법과 디자인의 매력을 전달합니다.
> - **브랜드 스토리텔링:** 제품 개발 과정, 디자인 철학, 환경 친화적인 접근 등을 강조하여 브랜드에 대한 신뢰를 구축합니다.
>
> 이 캠페인 컨셉은 선풍기를 단순한 냉방 기기가 아닌, 개성과 스타일을 나타내는 아이템으로 재해석함으로써, 타겟 고객군의 관심과 참여를 끌어내는 데 중점을 두고 있습니다. 이러한 전략은 제품의 독특한 가치를 전달하고, 브랜드에 대한 긍정적인 인식을 형성하는 데 기여할 것입니다.

여기서는 1단계 캠페인 컨셉에 대해 상세한 내용을 제공하였습니다.

시장조사 정보가 필요한 경우 'ChatGPT'는 최신 정보가 아닌 과거 데이터로 학습했는데 어떻게 최신 조사나 분석을 할 수 있을까요?'라고 생각할 수도 있습니다. ChatGPT의 경우 Microsoft Bing Search를 연결하여 최신 정보를 가져올 수 있습니다. Bing과 같은 검색엔진을 이용하면 최신 정보도 접근이 가능하다는 점을 꼭 기억해두시기 바랍니다.

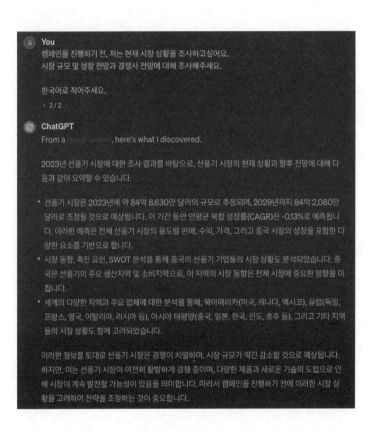

앞의 그림처럼 간단하게 시장 상황을 조사할 수 있습니다. 이 작업을 사람이 하려면 특정 사이트를 방문하여 어떤 정보

를 읽어야 할지 파악하는 데도 많은 시간이 소비됩니다. 이런 방식으로 ChatGPT를 활용하면 업무의 효율성을 극대화할 수 있습니다. 답변이 생성된 후 더욱 자세한 답변을 받고 싶은 내용을 언급하여 세부적으로 들어감으로써, 더욱 구체적이고 신뢰할 수 있는 정보를 얻을 수 있습니다.

RTPR 규칙을 활용하면, ChatGPT 프롬프트를 더욱 구체적이고 목적에 맞게 만들 수 있습니다. 이는 정확한 정보와 분석을 얻기 위한 프롬프트 가이드라인으로 좋은 출발점이 될 수 있습니다.

앞에서 설명한 퓨샷 프롬프팅(Few shot prompting), CoT, ToT 등을 응용하여 RTPR 프레임워크와 어떻게 사용할 수 있는지 간단한 예제로 알아보도록 하겠습니다.

예시 3: 교육 컨설턴트로서 온라인 교육 플랫폼 평가하기

R(Role): 당신은 교육 컨설턴트로서 온라인 교육 플랫폼에 대한 깊은 지식을 가지고 있습니다.

T(Task & Tone): 다양한 온라인 교육 플랫폼을 평가하고 비교해야 합니다. 문장은 전문적이고 명료해야 합니다.

P(Purpose): 최고의 온라인 교육 플랫폼을 선정하여 교육 기관이나 개인이 선택을 용이하게 하려는 것입니다.

R(Rules):

1) 사용자 리뷰와 평점도 고려합니다.
2) 코스 다양성과 품질을 평가합니다.
3) 가격 대비 가치도 분석합니다.

ChatGPT 프롬프트 예

You
당신은 온라인 교육의 세계에 깊은 통찰력을 가진 교육 컨설턴트입니다. 다양한 온라인 교육 플랫폼을 평가하고 비교하라는 임무가 주어졌습니다. 사용자 리뷰와 평점, 코스의 다양성과 품질, 그리고 가격 대비 가치를 종합적으로 분석해 주세요. 이 분석은 교육 기간과 개인이 온라인 교육 플랫폼을 선택하는데 사용될 것입니다.

한국어로 답변해주세요.

ChatGPT
온라인 교육 플랫폼의 평가 및 비교를 위해 몇 가지 중요한 요소들을 고려할 필요가 있습니다. 다음은 각 플랫폼을 분석할 때 중점적으로 살펴볼 주요 요소들입니다:

1. **사용자 리뷰와 평점**: 사용자들의 피드백과 평점은 강좌의 질과 효과성을 평가하는 데 중요한 지표입니다. 강좌의 내용, 강사의 전문성, 그리고 사용자 경험에 대한 직접적인 피드백을 제공합니다.
2. **코스의 다양성과 품질**: 다양한 분야와 수준의 강좌를 제공하는지, 그리고 강좌의 품질은 어떤지 평가합니다. 품질 평가는 강좌의 내용, 구성, 강사의 전문성, 그리고 학습 자료의 질을 포함합니다.
3. **가격 대비 가치**: 각 플랫폼의 가격 정책과 제공되는 코스의 가치를 비교합니다. 비용은 물론, 구독 모델, 무료 강좌의 유무, 장학금 제도 등도 고려해야 합니다.

이러한 요소들을 토대로 몇 가지 유명한 온라인 교육 플랫폼들을 비교해보겠습니다:

1. **Coursera**: 다양한 대학과 기관과의 협력을 통해 고품질의 강좌를 제공합니다. 사용자 리뷰는 대체로 긍정적이며, 특히 전문적인 분야의 강좌가 강점입니다. 가격은 강좌마다 다르며, 일부는 무료로 수강할 수 있습니다.
2. **Udemy**: 매우 다양한 강좌를 제공합니다. 강좌의 품질은 강사에 따라 크게 달라질 수 있으며, 사용자 리뷰를 꼼꼼히 확인하는 것이 중요합니다. 가격은 일반적으로 합리적이며, 자주 할인 행사가 있습니다.
3. **edX**: 여러 대학과 기관의 고품질 강좌를 제공합니다. Coursera와 유사하게, 강좌의 질이 높으며, 사용자 리뷰도 대체로 긍정적입니다. 가격은 강좌마다 다르며, 일부 무료 강좌도 제공합니다.
4. **Khan Academy**: 무료로 제공되는 플랫폼으로, 주로 기초 교육과 학교 과정을 다룹니다. 강좌의 품질은 일관적이며, 사용자들로부터 좋은 평가를 받고 있습니다.

각 플랫폼은 그 특성과 제공하는 강좌의 종류에 따라 장단점이 있습니다. 사용자의 필요와 목적에 맞는 플랫폼을 선택하는 것이 중요합니다.

위 답변은 RTPR 프레임워크에 기반하여 제작된 간결한 프롬프트에 대한 응답입니다. 이 프레임워크를 활용하여 ChatGPT는 사용자의 질문에 대해 효과적으로 대응하고 있습니다.

여기에, CoT(ChaIn of Thought) 및 ToT(Tree of Thought) 프롬프트를 적용하여, ChatGPT의 답변 구조와 퀄리티를 더욱 향상시킬 방법을 알아보도록 하겠습니다.

ToT 적용 예

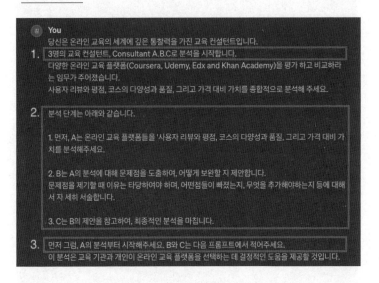

1) ToT 프롬프트를 통해 세 명의 교육 컨설턴트로 설정된 시나리오를 제공하면서, ChatGPT의 응답 방식을 다양화하고 세분화하는 시도를 진행하였습니다.

2) 각 역할에 따른 응답을 구분하여 요청함으로써 더욱 상세하고 전문적인 답변이 제공되도록 하였습니다.

3) ChatGPT의 토큰 제한 사항으로 인하여, 한 번의 요청에

너무 많은 정보를 담아 응답을 요구할 경우 퀄리티가 저하될 수 있음을 기억해야 합니다.

ChatGPT

A의 분석: 온라인 교육 플랫폼의 평가

1. Coursera

- **사용자 리뷰와 평점**: 대체로 높은 평점을 받음. 사용자들은 대학과 기업과의 파트너십을 통한 고품질 코스에 만족.
- **코스의 다양성과 품질**: 다양한 전문 분야와 기술 강좌를 제공. 대학 교수진과 전문가에 의해 제작된 고품질 코스가 많음.
- **가격 대비 가치**: 일부 강좌는 무료, 하지만 인증서나 전문 강좌는 유료. 가격은 강좌마다 다르지만, 일반적으로 가치 있는 투자로 평가됨.

2. Udemy

- **사용자 리뷰와 평점**: 평점은 다양함. 강좌와 강사에 따라 큰 차이를 보임.
- **코스의 다양성과 품질**: 매우 다양한 강좌를 제공하지만, 강좌의 품질은 강사에 따라 변동이 큼.
- **가격 대비 가치**: 합리적인 가격과 자주 진행되는 할인 이벤트로 인해 가성비가 좋음. 하지만, 강좌의 질이 일정하지 않아 신중한 선택 필요.

3. edX

- **사용자 리뷰와 평점**: Coursera와 유사하게 대체로 긍정적인 평가.
- **코스의 다양성과 품질**: 여러 대학과 기관과의 협력으로 고품질 강좌 제공. 특히 학문적 강좌가 강점.
- **가격 대비 가치**: 일부 강좌 무료 제공. 유료 강좌의 경우 가격이 다양하지만, 대체로 고품질의 내용으로 가치 있다고 평가됨.

4. Khan Academy

- **사용자 리뷰와 평점**: 높은 평점, 특히 초등 및 중등 교육과정에 대한 만족도가 높음.
- **코스의 다양성과 품질**: 주로 기초 교육과 학교 과정에 초점. 강좌의 품질은 일관적이고 높은 수준.
- **가격 대비 가치**: 모든 강좌가 무료로 제공되며, 품질 대비 뛰어난 가치를 제공.

이러한 분석을 통해 각 플랫폼의 장단점과 특징을 파악할 수 있으며, 교육 기관과 개인이 자신의 요구와 목표에 맞는 온라인 교육 플랫폼을 선택하는 데 도움이 될 것입니다. 다음 단계에서는 B의 문제점 도출과 보완 제안을 진행하겠습니다.

You

이번 프롬프트에서는 문제점을 도출해주세요. C의 답변은 다음 프롬프트에 적어주세요.

ChatGPT

B의 문제점 도출 및 보완 제안

1. Coursera

- **문제점**: A의 분석은 강좌의 질에만 초점을 맞추고 있으며, 실제 사용자 경험과 플랫폼의 사용 용이성에 대한 평가가 누락되었습니다.
- **보완 제안**: 사용자 인터페이스, 액세스 용이성, 모바일 앱의 효율성 등 사용자 경험의 전반적인 측면을 추가적으로 평가할 필요가 있습니다.

2. Udemy

- **문제점**: 강좌의 질이 강사에 따라 변동이 크다는 점은 언급되었으나, 이를 구체적으로 평가하는 기준이 부족합니다.
- **보완 제안**: 각 강좌의 상세한 커리큘럼, 강사의 전문성, 그리고 학습자의 목표와 필요에 부합하는지에 대한 구체적인 분석이 필요합니다.

3. edX

- **문제점**: 고품질의 강좌 제공이 강점이지만, 플랫폼의 국제적 접근성과 다양한 언어 지원에 대한 평가가 빠져 있습니다.
- **보완 제안**: 다양한 언어의 지원, 국제적 사용자들을 위한 지역화, 그리고 글로벌 접근성에 대한 평가를 포함시키는 것이 중요합니다.

4. Khan Academy

- **문제점**: 기초 교육과 학교 과정에 초점을 맞추고 있다는 점이 언급되었으나, 고급 또는 전문적인 학습자를 위한 콘텐츠 부족에 대한 언급이 없습니다.
- **보완 제안**: Khan Academy가 제공하는 콘텐츠의 범위와 대상을 보다 명확하게 정의하고, 고급 또는 전문적인 학습자들을 위한 대안적인 옵션을 제시할 필요가 있습니다.

이러한 문제점과 보완 제안을 통해 보다 정밀하고 균형 잡힌 분석을 수행할 수 있으며, 교육 기관과 개인이 온라인 교육 플랫폼을 선택하는 데 보다 정확한 정보를 제공할 수 있을 것입니다. 다음 단계에서는 C의 최종적인 분석을 진행하겠습니다.

ChatGPT

C의 최종적 분석: 온라인 교육 플랫폼 종합 평가

1. Coursera

* **종합 평가**: 고품질 코스와 대학 파트너십이 강점. 사용자 인터페이스 및 액세스 용이성이 좋으며, 모바일 앱도 효율적.
* **추가 고려사항**: 강좌 선택의 다양성과 고급 수준의 코스도 풍부. 그러나 가격이 강좌마다 다르며 일부 고급 코스는 비싼 편.

2. Udemy

* **종합 평가**: 매우 다양한 강좌 제공. 가격 대비 가성비가 좋으나, 강좌 품질이 일정하지 않음.
* **추가 고려사항**: 강좌의 상세한 커리큘럼과 강사의 전문성이 중요. 학습자 목표와 필요에 부합하는 강좌 선택에 신중을 기할 필요.

3. edX

* **종합 평가**: 학문적 강좌에서 강점을 보이며, 다양한 대학과 기관과의 협력으로 고품질의 코스 제공.
* **추가 고려사항**: 다양한 언어 지원과 글로벌 접근성에 대한 평가 필요. 국제적 사용자들을 위한 콘텐츠와 지원을 강화할 필요가 있음.

4. Khan Academy

* **종합 평가**: 기초 교육과 학교 과정에 강점을 가진 무료 플랫폼. 일관되고 높은 수준의 콘텐츠 제공.
* **추가 고려사항**: 고급 또는 전문적인 학습자를 위한 콘텐츠는 제한적. 이러한 학습자들을 위한 추가적인 리소스나 대안적인 플랫폼을 고려할 필요.

결론

각 플랫폼은 자체적인 장단점과 특성을 가지고 있으며, 사용자의 필요와 목표에 따라 적합한 플랫폼을 선택하는 것이 중요합니다. Coursera와 edX는 학문적이고 전문적인 코스에 강점을 가지고 있는 반면, Udemy는 다양한 코스를 합리적인 가격에 제공합니다. Khan Academy는 기초 교육과 학교 과정에 강점을 보이는 무료 플랫폼입니다. 이러한 분석을 통해 교육 기관과 개인이 자신들의 요구에 가장 적합한 온라인 교육 플랫폼을 선택하는 데 도움이 될 것입니다.

마지막으로 CoT 프롬프팅을 이용하여, C의 분석을 정량적 지표로 만들어서 의사결정에 도움이 되도록 만들어 보겠습니다.

You
C의 답변을 정량적 분석하여, 어떤 플랫폼이 가장 좋은지와 그 판단 이유를 적어서 순서대로 나열해주세요.

ChatGPT
정량적 분석을 위해 각 플랫폼의 주요 특성을 평가하고 순위를 매기는 방식으로 접근할 수 있습니다. 다음은 Coursera, Udemy, edX, Khan Academy의 평가를 위한 주요 지표와 그에 따른 순위 결정입니다:

평가 지표

1. **강좌의 질**: 강좌 내용, 강사 전문성, 교육 자료의 질을 기준으로 평가.
2. **다양성**: 강좌의 주제와 수준의 다양성 평가.
3. **사용자 경험**: 플랫폼의 사용 용이성, 인터페이스, 엑세스 용이성.
4. **가격 대비 가치**: 강좌의 가격과 제공되는 가치의 균형.
5. **글로벌 접근성**: 다양한 언어 지원과 국제적 사용자 접근성.

각 지표는 5점 만점으로 평가하고, 최종 점수를 기반으로 순위를 매깁니다.

정량적 점수를 평가하는 것은 주관적이기도 객관적이기도 합니다. 사용자 관점에서 적합하지 않은 점수 평가 기준이 적용된 경우 신뢰하기 어려운 정량적 점수가 나올 수 있기 때문입니다. 그래서 사용자는 중점적으로 분석하고자 하는 관점과 기준을 직접 설정함으로써 신뢰성 있는 정량적 점수를 출력하도록 조정할 수 있습니다.

ChatGPT의 답변 품질은 사용자의 질문 설정 및 지향하는 목표에 크게 좌우됩니다. 따라서, ChatGPT에게 정확하고 구체적인 목표 설정을 제공해야 사용자의 필요와 기대에 부합하는 답변을 얻을 수 있으며, 이를 통해 사용자는 ChatGPT의 답변을 최적화하고 개선하는 능력을 키울 수 있습니다.

정량적 평가 및 순위

1. **Coursera**
   - 강좌의 질: 5점
   - 다양성: 4점
   - 사용자 경험: 4점
   - 가격 대비 가치: 4점
   - 글로벌 접근성: 4점
   - **총점: 21점**
2. **Udemy**
   - 강좌의 질: 3점
   - 다양성: 5점
   - 사용자 경험: 4점
   - 가격 대비 가치: 5점
   - 글로벌 접근성: 3점
   - **총점: 20점**
3. **edX**
   - 강좌의 질: 5점
   - 다양성: 4점
   - 사용자 경험: 3점
   - 가격 대비 가치: 4점
   - 글로벌 접근성: 4점
   - **총점: 20점**
4. **Khan Academy**
   - 강좌의 질: 4점
   - 다양성: 3점
   - 사용자 경험: 5점
   - 가격 대비 가치: 5점 (무료)
   - 글로벌 접근성: 3점
   - **총점: 20점**

판단 이유 및 순위

- **1위: Coursera** - 높은 강좌 질과 다양한 코스 제공, 사용자 경험 및 글로벌 접근성에서도 우수한 평가.
- **2위: Udemy** - 강좌의 다양성과 가격 대비 가치에서 높은 점수. 강좌의 질과 글로벌 접근성은 개선 필요.
- **3위: edX** - 강좌의 질에서 높은 점수, 다양성과 가격 대비 가치도 좋으나 사용자 경험과 글로벌 접근성에서 개선 필요.
- **4위: Khan Academy** - 무료로 제공되는 고품질 기초 교육에 강점이지만, 고급 또는 전문적인 학습자를 위한 콘텐츠가 제한적.

RTPR과 같은 프레임 워크에 프롬프트를 명시하는 것이 특정 유형의 행동을 보장하는 것은 아닙니다. 그러나, 프롬프트를 추가할수록 사용자가 원하는 올바른 방향으로 LLM(Large Language Model)을 유도할 수 있습니다.

프롬프트 기법의 효과적인 활용은 LLM의 성능을 극대화하고, 사용자 경험을 개선하며, 모델에 명확한 방향성을 제공하고, 다양한 시나리오에 유연하게 대응하도록 하며, 사용자의 기대에 부응하는 결과를 생성합니다. 프롬프트 엔지니어링에서 다양한 기법의 적절한 조합과 적용은 모델의 효과적인 사용을 위해 중요한 요소입니다.

3.3 CRISPE 프롬프트 프레임워크

프롬프트 엔지니어링에 정해진 답은 없습니다. 하지만, 프레임워크를 잡고 질문을 하면 사용자가 원하는 답변을 훨씬 더 상세하게 받을 수 있습니다.

이번에 알아볼 CRISPE 프레임워크는 효과적인 의사소통과 문제 해결을 위한 구조화된 접근 방법을 제공하는 도구입니다. 이 프레임워크는 복잡한 상황을 분석하고, 명확하고 창의적인 해결책을 도출하기 위해 다섯 가지 핵심 요소인 능력과 역할(Capacity & Role), 통찰(Insight), 진술(Statement), 인격

(Personality), 실험(Experiment)을 사용합니다. 각 요소는 상황에 따라 적절히 조정되어, 효과적인 의사소통과 문제 해결을 위한 전략적인 기반을 마련합니다.

CRISPE 프레임워크는 다양한 맥락에서 의사소통의 질을 향상시키고, 창의적인 아이디어 발굴과 문제 해결에 활용될 수 있습니다. 이는 비즈니스, 교육, 상담, 작문 등 다양한 분야에서 유용하며, 특히 복잡한 문제를 명확하게 이해하고 해결하는 데 탁월합니다. CRISPE 프레임워크를 통해 개인과 조직은 목표 달성을 위한 더욱 효과적인 경로를 찾을 수 있습니다.

- 능력과 역할(Capacity and Role): 이 단계에서는 AI의 어떤 역할이나 능력으로 사용할 것인지 정의합니다. 예를 들어, 챗봇을 카피라이터, 연구원, 언어 번역가로 설정할 수 있습니다. 역할을 설정함으로써 AI가 어떤 관점에서 더 전문화되어 응답할지 도움이 됩니다.
- 통찰(Insight): 필요한 배경이나 맥락 정보를 제공하는 부분입니다. 챗봇에게 관련 정보를 더 많이 제공할수록 더 정확하고 적절하게 응답할 수 있습니다.
- 진술(Statement): 이 요소는 프롬프트의 핵심으로 챗봇

에게 무엇을 요청하고 있는지 명확히 합니다. 요청이 구체적일수록 응답도 더 정확해집니다.

- 인격(Personality): 챗봇의 응답이 어떻게 표현되기를 원하는지에 대한 부분입니다. 공식적이고 비즈니스적인 태도 또는 캐주얼하고 친근한 태도 등을 결정합니다. 이 구성 요소는 상호작용에 개인적인 감성을 더할 수 있습니다.

- 실험(Experiment): 챗봇에게 여러 응답이나 예시를 제공하도록 요청하여, 가장 좋은 것을 선택하거나 여러 옵션에서 요소를 결합할 수 있도록 합니다.

CRISPE 프레임워크는 엄격하게 적용해야 할 구조가 아닌, 효과적인 프롬프트를 만드는 데 도움이 되는 조언으로 고려할 수 있습니다. 이 프레임워크는 유연하여 특정한 필요에 맞게 수정될 수 있습니다.

실제로 이 프레임워크를 어떻게 사용하는지 알아보겠습니다.

프롬프트 예시: 새로운 제품 출시에 대한 블로그 글 작성 요청

능력과 역할 (Capacity and Role):
역할: 마케팅 콘텐츠 작성자
목적: 새로운 제품 출시를 알리고, 제품의 특징과 이점을 강조하는 블로그 글 작성

통찰 (Insight):
제품 정보: 최신 기술을 사용한 스마트 홈 기기, 사용자의 생활을 더 편리하고 효율적으로 만들어주는 기능들을 갖춤
타겟 고객: 기술에 관심이 많고, 집안의 편의성을 중시하는 젊은 전문직 종사자들 시장 상황: 경쟁이 치열한 스마트 홈 시장에서 독특한 기능과 사용자 친화적 디자인으로 차별화

진술 (Statement):
요청:"우리의 새로운 스마트 홈 기기가 어떻게 일상 생활을 향상시킬 수 있는지 설명하는 블로그 글을 작성해주세요. 제품의 주요 기능과 이점을 강조하고, 타겟 고객에게 어떻게 도움이 될지 구체적으로 언급해주세요."

인격 (Personality):
스타일: 전문적이면서도 친근하고 이해하기 쉬운 언어 사용 톤: 혁신적이고 설득력 있는, 독자들의 호기심을 자극하는 스타일

실험 (Experiment):
요청:"블로그 글의 두 가지 다른 버전을 작성해주세요. 하나는 기술적인 세부 사항에 중점을 두고, 다른 하나는 제품이 사용자의 일상에 어떤 변화를 가져올 수 있는지에 초점을 맞춰주세요."

Use 2 prompts to write it. Do not write it all in the next prompt.

CRISPE 프레임워크에 맞춰 프롬프트를 작성하고, 실험 (Experiment)에서 2가지 버전으로 나누어 답변을 작성하도록 지시했습니다.

이대로 작성하면 토큰 제한으로 인해 짧은 글이 작성되므로 마지막에 '2가지 버전을 프롬프트 2개로 나눠서 작성해주세요. 다음 프롬프트에 두 버전을 모두 작성하지 말아주세요(Use 2 prompts to write it. Do not write it all in the next prompt.).'라는 지시를 사용하여, 프롬프트를 2가지로 나누어 비교하는 프

롬프트를 작성하였습니다.

GPT의 답변 – 기술 중심

ChatGPT

물론입니다. 먼저, 우리의 새로운 스마트 홈 기기에 관한 블로그 글의 첫 번째 버전을 작성하겠습니다. 이 버전에서는 기술적인 세부 사항에 중점을 두겠습니다. 이어서 두 번째 버전에서는 제품이 사용자의 일상에 어떤 변화를 가져올 수 있는지에 초점을 맞추겠습니다.

스마트 홈 기기 블로그 글 - 기술적 세부 사항 중점

제목: 혁신적인 기술로 새로운 가능성을 여는 스마트 홈 기기

안녕하세요, 스마트 홈의 미래를 선도하는 우리 회사에서 새로운 제품을 소개하게 되어 기쁩니다. 이 최신 스마트 홈 기기는 첨단 기술과 효율성을 결합하여 여러분의 생활을 한 단계 업그레이드시킬 준비가 되어 있습니다.

주요 기능들:

1. **고도의 인공지능**: 우리의 스마트 홈 기기는 고도로 발달된 인공지능을 탑재하여 사용자의 습관과 선호도를 학습합니다. 이를 통해 맞춤형 설정과 제안을 제공하며, 사용자의 생활을 보다 편리하게 만듭니다.
2. **에너지 효율 최적화**: 스마트한 에너지 관리 시스템을 통해 전력 소비를 최적화합니다. 이는 에너지 비용 절감뿐만 아니라 친환경적인 생활을 가능하게 합니다.
3. **보안과 안전**: 첨단 보안 시스템을 통해 사용자의 안전을 최우선으로 합니다. 원격 모니터링 및 자동 위험 감지 기능을 통해 언제 어디서나 집안의 안전을 지킬 수 있습니다.

이러한 기술적 특징들은 기술에 관심이 많고 집안의 편의성을 중시하는 젊은 전문직 종사자들에게 특히 매력적일 것입니다. 우리의 스마트 홈 기기는 단순한 가전 제품을 넘어, 사용자의 생활 방식 자체를 혁신적으로 변화시킬 수 있는 잠재력을 갖추고 있습니다.

경쟁이 치열한 스마트 홈 시장에서 우리의 제품은 독특한 기능과 사용자 친화적 디자인으로 차별화됩니다. 이제 여러분의 생활에 이 혁신을 더해보세요.

다음으로, 이 제품이 사용자의 일상에 어떤 변화를 가져올 수 있는지에 초점을 맞춘 블로그 글 버전을 작성하겠습니다.

GPT 답변 – 사용자 중심

ChatGPT
스마트 홈 기기 블로그 글 - 사용자 일상 변화 중점

제목: 당신의 생활을 혁신할 스마트 홈 기기, 새로운 일상을 경험하세요

여러분 안녕하세요! 오늘은 여러분의 일상을 변화시킬 수 있는 흥미로운 제품을 소개하려 합니다. 우리의 새로운 스마트 홈 기기는 여러분의 생활을 더 편리하고, 더 안전하며, 더 효율적으로 만들어줄 것입니다.

일상 속 변화:

1. **아침을 더 상쾌하게 시작하세요:** 이 기기는 여러분의 수면 패턴을 분석하여 최적의 시간에 조용히 알람을 올려줍니다. 커피 메이커가 자동으로 커피를 준비하는 동안, 스마트 커튼은 부드럽게 열리며 햇살을 방 안으로 초대합니다.

2. **에너지 절약으로 지구도 지키고, 지갑도 지키세요:** 이 기기는 집안의 에너지 사용을 모니터링하고, 필요한 곳에만 에너지를 사용하도록 합니다. 이는 에너지 비용을 절감하는 것은 물론, 환경 보호에도 기여합니다.

3. **안심하고 생활하세요:** 출근할 때 집을 나설 때마다 보안 체계가 활성화되어, 언제 어디서든 스마트폰을 통해 집을 감시할 수 있습니다. 비상 상황 발생 시, 즉시 알림을 받고 대응할 수 있어 안심할 수 있습니다.

젊은 전문직 종사자들이라면, 이러한 변화는 일상의 질을 향상시키고 생활의 편리함을 극대화하는 데 큰 도움이 될 것입니다. 바쁜 일상 속에서도 스마트 홈 기기는 여러분이 더 편안하고, 안전하며, 효율적인 생활을 할 수 있도록 돕습니다.

이처럼 우리의 새로운 스마트 홈 기기는 단순히 기술적인 면만이 아닌, 여러분의 삶의 질을 향상시키는 데 중점을 두고 설계되었습니다. 여러분의 삶에 이 혁신적인 변화를 경험해보세요.

이 두 가지 버전의 블로그 글을 통해, 기술적 세부 사항과 일상 생활의 변화 두 관점에서 우리의 스마트 홈 기기의 장점과 이점을 강조해보았습니다. 이러한 접근은 타겟 고객층에게 더욱 효과적으로 다가갈 수 있는 방법이 될 것입니다.

두 블로그 글의 주요 차이점을 살펴보겠습니다.

- 내용
- 기술적 세부 사항 중심: 첫 번째 글은 제품의 고도의 인공 지능, 에너지 효율 최적화, 보안 및 안전 기능 등의 기술적 특성과 기능에 집중합니다. 이 글은 기술에 관심이 많은 사용자들에게 제품의 첨단 기능을 상세히 설명함으로써 호소력을 높입니다.
- 사용자 일상 변화 중심: 두 번째 글은 제품이 사용자의 일상생활에 어떤 구체적인 변화를 가져다줄 수 있는지에 초점을 맞춥니다. 예를 들어, 아침을 더 상쾌하게 시작하게 해주는 알람 기능, 에너지 절약을 통한 환경 보호 및 비용 절감, 출근 시의 보안 체계 활성화 등 실생활에서의 적용 사례를 강조합니다.

- 스타일과 접근 방식
- 기술적 세부 사항 중심: 첫 번째 글은 전문적이고 상세한 설명을 사용하여 제품의 기술적 우수성을 강조합니다. 이는 기술에 대한 깊은 이해와 관심을 가진 독자들의 시선을 잡을 수 있습니다.
- 사용자 일상 변화 중심: 두 번째 글은 더 감성적이고 이야기 형식의 접근 방식을 취합니다. 일상생활의 예시를 들어

제품이 어떻게 사용자의 삶을 향상시킬 수 있는지를 설명함으로써 제품과의 감정적 연결을 구축합니다.

CRISPE 프레임워크는 복잡한 문제나 상황을 체계적으로 접근하고 해결하는 데 효과적인 도구입니다. 이 프레임워크를 통해 사용자는 명확한 역할(Capacity & Role), 통찰(Insight), 진술(Statement), 인격(Personality), 실험(Experiment)의 다섯 가지 요소를 활용하여 구체적이고 전략적인 의사소통을 할 수 있습니다. 이 프레임워크를 활용함으로써, 복잡한 문제를 분석하고 창의적이며 효과적인 해결책을 제시할 수 있습니다.

그 외 프레임워크

AI와의 상호작용은 단순히 명령을 내리는 것 이상의 복잡한 과정을 포함합니다. 올바른 프롬프트는 AI가 사용자의 의도를 정확하게 파악하고, 이에 따른 적절한 응답을 제공하도록 합니다. 사용자가 AI에게 제시하는 질문이나 요청의 구성 방식은 결과의 질과 효율성에 직접적인 영향을 미칩니다.

AI는 다재다능하지만, AI의 능력은 사용자가 어떻게 질문을 구성하고 정보를 요청하는지에 크게 의존합니다. 프롬프트를 입력하기 전에 프레임워크를 고려하고, 프레임워크 내에서 프롬프트를 작성하는 것이 무작정 프롬프트를 작성하는 것보다 사용자가 기대하는 답을 생성할 확률이 높아질 수 있습니다. 앞에서 살펴본 프레임워크 외에 어떤 프레임워크들이 있는지 알아보겠습니다.

APE: Action, Purpose, Expectation

Action(행동) : ChatGPT에게 최근에 발표된 국제 기후 변화 보고서에 대한 요약을 요청합니다. 이 요약은 주요 발견과 권장 사항을 포함해야 하며, 보고서의 복잡한 내용을 간단하게 설명할 수 있어야 합니다.

Purpose(목적) : 이 작업의 목적은 사용자가 기후 변화에 대한 최신 정보를 이해하고, 그것이 전 세계에 미치는 영향을 빠르게 파악할 수 있도록 하는 것입니다. 사용자는 이 정보를 개인적인 지식 향상 또는 교육적 목적으로 사용할 수 있습니다.

Expectation(기대) : 사용자는 ChatGPT로부터 간결하고 명확한 요약을 기대합니다. 이 요약은 중요한 포인트를 강조하고, 기후 변화에 대한 심각성과 긴급성을 전달해야 합니다. 또한, 사용자가 추가적인 연구나 읽기를 위해 참조할 수 있는 보고서의 링크 또는 출처를 제공하는 것이 좋습니다.

APE 프레임워크는 ChatGPT 프롬프트 엔지니어링에서 명확성과 방향성을 강조하는 기본적인 도구입니다.

Action(행동): ChatGPT가 수행해야 할 구체적인 작업이나 활동을 정의하는 것을 말합니다. 이는 텍스트 생성부터 복잡한 문제 해결에 이르기까지 다양할 수 있습니다. 이 단계에서 정확성을 유지하는 것은 모호함을 방지하기 위해 중요합니다.

Purpose(목적): 행동 뒤에 있는 의도를 다룹니다. 작업의 '왜' 를 이해하는 것은 사용자의 근본적인 필요나 목표에 맞게 응답을 조정하는 데 도움이 됩니다. 질문의 이유나 수행해야 할 작업의 중요성을 설명하는 것이 포함될 수 있습니다.

Expectation(기대): 상호작용에 관한 기대 결과나 결과를 명시하는 것에 관한 것입니다. 이 단계는 사용자의 최종 목표가 ChatGPT에게 명확하게 전달되어 응답의 질과 범위에 대한 기준을 설정합니다.

RACE: Role, Action, Context, Expectation

Role(역할) : ChatGPT는 여행 계획을 돕는 전문 여행 컨설턴트 역할을 합니다. 사용자에게 여행지 선택, 숙박 시설, 관광 명소 추천 등에 관한 조언을 제공합니다.

Action(행동) : 사용자가 3일간의 파리 여행을 계획 중임을 고려하여, ChatGPT는 파리의 주요 관광 명소, 맛집, 숙박 시설에 대한 정보를 제공합니다. 또한, 여행 일정을 효율적으로 구성할 수 있는 팁을 제공합니다.

Context(맥락) : 사용자는 처음으로 파리를 방문하는 것이며, 문화와 예술에 관심이 많습니다. 예산 은 중간 정도이며, 여행의 목적은 휴식과 문화 체험입니다. 사용자는 현지의 숨겨진 명소나 비관광적 인 경험에도 관심이 있습니다.

Expectation(기대) : 사용자는 ChatGPT로부터 구체적이고 실용적인 여행 정보와 제안을 기대합니다. 이는 파리의 주요 관광지 뿐만 아니라, 현지인만 아는 특별한 장소나 체험도 포함해야 합니다. 또한, 여행 일정을 계획하는 데 도움이 되는 조언이나 팁을 얻기를 바랍니다.

RACE 프레임워크는 ChatGPT와의 상호작용에 구조적 접근을 도입하며, 역할 정의, 행동 명세, 맥락 제공, 기대 설정에 중점을 둡니다.

Role(역할): ChatGPT가 수행할 것으로 예상되는 특정 역할을 지정하는 것을 포함합니다. 이는 선생님, 조언자, 창작자 등이 될 수 있으며, 원하는 톤과 관점에 맞게 ChatGPT의 응답을 조정하는 데 활용됩니다.

Action(행동): ChatGPT에게 필요한 구체적인 행동이나 응답 유형을 자세히 설명합니다. 정보 제공, 창의적 콘텐츠 생성 또는 해결책 제공에 이르기까지 다양할 수 있습니다.

Context(맥락): 프롬프트를 구성하는 관련 배경이나 상황적 세부 사항을 제공하는 것으로, 특정 시나리오, 제한 사항 또는 응답에 영향을 미치는 추가 정보를 포함할 수 있습니다. 맥락적 이해는 ChatGPT가 관련성 있고 정확한 응답을 제공하는 데 중요합니다.

Expectation(기대): 원하는 상호작용의 결과를 명확하게 밝히는 단계입니다. 필요한 정보의 유형, 세부 사항의 수준 또는 응답 형식과 관련될 수 있습니다.

COAST: Context, Objective, Actions, Scenario, Task

Context(맥락) : 사용자는 중학교 과학 선생님이며, 태양계와 그 구성에 대한 학생들의 이해를 돕기 위한 교육 자료를 만들고 싶어 합니다. 수업은 13-15세 학생들을 대상으로 하며, 학생들은 기본적인 천문학 개념에 대해 이미 약간의 지식을 가지고 있습니다.

Objective(목표) : 이 상호 작용의 목표는 학생들이 태양계의 주요 특징과 각 행성에 대해 잘 이해하고 흥미를 가질 수 있는 창의적이고 교육적인 자료를 만드는 것입니다.

Actions(행동) : ChatGPT는 태양계의 각 행성에 대한 기본 정보와 재미있는 사실들을 제공해야 합니다. 또한, 학생들의 참여를 유도하기 위해 퀴즈나 활동과 같은 상호 작용적 요소를 포함하는 것이 좋습니다.

Scenario(시나리오) : 학생들은 태양계의 행성들에 대한 기본 정보는 알고 있지만, 각 행성의 독특한 특징과 왜 그것들이 중요한지에 대해서는 잘 모릅니다. 학생들의 흥미를 끌고 지식을 깊게 하기 위해, 각 행성의 가장 흥미로운 점들을 강조하고 싶습니다.

Task(작업) : ChatGPT는 태양계의 각 행성에 대한 간략한 설명과 함께, 각 행성의 재미있고 교육적인 사실들을 요약해야 합니다. 이 정보는 교사가 수업 시간에 사용할 수 있는 프레젠테이션 형식으로 구성되어야 합니다.

COAST 프레임워크는 프롬프트 엔지니어링에 대한 포괄적인 접근 방식을 제공하며, 효과적인 ChatGPT와의 커뮤니케이션을 위해 다양한 요소를 포함합니다.

Context(맥락): 상호작용을 위한 무대를 설정하며, 작업이 발생하는 배경 정보나 설정을 제공합니다. 맥락은 환경에 대한 세부 사항, 역사적 배경 또는 관련된 모든 상황을 포함할 수 있습니다.

Objective(목표): 상호작용의 목적이나 목표에 중점을 둡니다. 이 단계에서는 문제 해결, 아이디어 생성, 정보 획득과 같이 달성해야 할 것이 무엇인지 명확하게 적는 것이 중요합니다.

Actions(행동): ChatGPT가 응답을 하는 데 고려하거나 따라야 할 구체적인 단계나 과정을 자세히 설명합니다. 행동의 순서, 방법론적 접근 또는 준수해야 할 특정 지침을 포함할 수 있습니다.

Scenario(시나리오): 특정 상황이나 사례를 설명함으로써 구체성을 추가합니다. 사용자의 필요를 파악하여 관련성 높고 맞춤화된 상호작용을 하는 데 도움이 됩니다.

Task(작업): ChatGPT가 수행해야 할 구체적인 작업이나 활동을 정의합니다. 어떤 작업을 하느냐에 따라 작업의 정의가 간단하거나 매우 복잡할 수 있습니다.

TAG: Task, Action, Goal

Task(작업) : 사용자가 지역 역사에 대한 블로그 포스트를 작성하려고 합니다. 이 작업은 특정 도시의 역사적 사건과 중요한 인물에 대한 정보를 포함하는 콘텐츠를 만드는 것입니다.

Action(행동) : ChatGPT는 해당 도시의 주요 역사적 사건들을 연대기 순으로 정리하고, 각 사건의 배경, 발생 과정, 그리고 결과를 간략하게 설명해야 합니다. 또한, 이 도시 역사에 중요한 영향을 미친 인물들에 대한 짧은 전기도 포함시키는 것이 중요합니다.

Goal(목표) : 이 작업의 목표는 사용자가 도시의 역사에 대한 흥미로운 사실과 이야기를 공유할 수 있는 풍부하고 매력적인 콘텐츠를 생성하는 것입니다. 이를 통해 사용자의 블로그 독자들이 도시의 역사에 대해 더 잘 이해하고 관심을 가지게 하는 것이 최종 목적입니다.

TAG 프레임워크는 작업 정의, 행동 명세, 목표 지향에 중점을 둔 간결한 프롬프트 엔지니어링 접근 방식입니다.

Task(작업): ChatGPT가 수행해야 할 구체적인 작업이나 활동을 명확하게 정의합니다. 콘텐츠 작성, 분석 제공, 추천 제시 등 다양할 수 있습니다. 작업 정의의 명확성은 목표 지향적인 응답 생성을 위해 중요합니다.

Action(행동): ChatGPT가 작업을 수행하기 위해 취해야 할 구체적인 행동이나 단계를 설명합니다. 특정 분석 방법, 글쓰기 스타일 또는 탐색 과정을 포함합니다.

Goal(목표): 작업의 최종 목적이나 원하는 결과를 명확하게 표현합니다. 이 단계는 사용자의 궁극적인 목표가 명확하게 전달되어, 사용자가 기대한 목표를 달성하는 방향으로 ChatGPT의 응답이 나오도록 합니다. 정보 제공, 설득, 문제 해결 등 목표는 AI와의 상호작용에 방향성을 제공합니다.

각 프레임워크는 GPT와 같은 AI와의 상호작용을 최적화하는 데 도움을 주며, 프레임워크로 전달된 프롬프트를 통해 더욱 정확하고 효과적인 결과를 얻을 수 있습니다. 위에 언급된 프레임워크에 국한되지 않고, 상황에 맞춰서 어떻게 질문할지 생각해보고 질문을 여러 방면으로 시도해 보시기 바랍니다. 프롬프트 엔지니어링의 기술과 전략이 계속해서 발전하고 있기 때문에, 새로운 도전과 기회가 등장할 것이라 생각합니다. 이에 대응하기 위해서는 지금까지 배운 원칙과 기술을 유연하게 적용하고, 지속적으로 새로운 접근 방식을 탐색해야 합니다.

PART 4

실제 사용 사례

대부분의 사람들은 'AI'이라는 단어만으로도 어려운 기술, 복잡한 수학적 계산, 그리고 대기업 연구소의 업무를 떠올리게 됩니다. 하지만, AI가 우리의 일상생활과 어떻게 연결되어 있는지, 그리고 그 연결 고리가 어떻게 우리의 생활을 더 나은 방향으로 변화시키고 있는지에 대해 아는 것이 중요합니다.

AI는 우리 주변에서 쉽게 접근할 수 있게 되었습니다. 스마트폰의 음성 인식 기능부터 집 안의 IoT 장치, 그리고 온라인 쇼핑몰의 상품 추천 서비스에 이르기까지, 우리는 무심코 AI 기술을 이용합니다. 이처럼 AI는 복잡한 기술적 원리와 알고리즘 위에서 우리의 삶을 편리하게 합니다.

AI 기술 중에서도 특히 우리의 삶에 영향을 미치는 부분은

'프롬프트 엔지니어링'입니다. 프롬프트 엔지니어링은 사용자의 행동과 반응을 예측하고, 그에 맞는 최적의 결과를 제시하는 기술입니다. 쉽게 말해, 사용자의 데이터를 바탕으로 그 사람의 취향이나 필요성을 분석하고, 그에 맞는 정보나 서비스를 제공하는 것입니다. 이러한 프롬프트 엔지니어링 기술은 온라인 쇼핑, 음악 스트리밍, 영화 추천 서비스 등 다양한 분야에서 활용되고 있습니다.

프롬프트 엔지니어링이 활용되는 몇 가지 성공적인 적용 사례를 알아보겠습니다.

성공적인 프롬프트 엔지니어링 사례

프롬프트 엔지니어링은 사용자의 입력에 관해 가장 적합한 모델의 반응을 생성하도록 설계된 기술입니다. 프롬프트 엔지니어링은 최근 몇 년 동안 AI 분야에서 주요한 발전을 이루고 있으며, 특히, OpenAI의 ChatGPT와 같은 대화형 AI 모델에서 이 기술의 중요성이 더욱 강조되고 있습니다. 실제로 프롬프트 엔지니어링이 챗봇 등에 활용되는 사례를 살펴보겠습니다.

1) 온라인 고객 서비스

고객 서비스는 기업의 성공을 위해 중추적인 역할을 합니다. 기업과 고객 간의 원활한 소통이 상당히 중요하기 때문에 이 분야는 지속적으로 변화하고 발전해왔습니다. 그중 가장 혁신적인 변화는 AI 챗봇의 등장입니다. 챗봇 중에서도 특히 ChatGPT를 기반으로 한 프롬프트 엔지니어링 기술은 그 선두 주자로서 주목받고 있습니다.

(1) 고객 서비스의 변천사

서비스 산업의 초창기에는 전화나 이메일이 주요한 소통 도구였습니다. 그 당시 고객은 질문이나 불만사항이 있으면 직접 전화를 하거나 이메일로 문의했습니다. 이런 방식은 시간과 인력의 소모가 많은 문제점이 있었기 때문에 신속하고 효율적인 방법이 요구되었고 그 해답으로 제시된 것이 바로 '챗봇'이었습니다. 초기 챗봇은 단순한 질문에 대한 단순한 답변을 제공하는 정도였으며, 기술의 발전과 함께 챗봇도 점차 진화해 갔습니다.

(2) AI 챗봇의 등장

AI 기술의 발전으로 챗봇은 더욱 스마트해졌습니다. 자연어 처리 기술, 머신 러닝, 딥 러닝 등의 기술이 적용되면서 챗봇은 고객의 문의에 더욱 세밀하고 정확하게 답변할 수 있게 되었습니다. 그 중심에는 바로 ChatGPT와 같은 AI 모델이 있습니다. 이 모델은 대량의 데이터를 기반으로 학습하며, 사용자의 질문에 더욱 자연스럽고 정확하게 응답할 수 있습니다. 이를 통해 고객의 만족도는 물론 기업의 비용 절감 효과도 동시에 달성하게 되었습니다.

(3) 프롬프트 엔지니어링의 중요성

ChatGPT와 같은 AI 모델이 고객 서비스 분야에서 차별화되는 서비스를 제공하는 배경에는 바로 '프롬프트 엔지니어링' 기술이 있습니다. 프롬프트 엔지니어링은 사용자의 질문이나 명령에 따라 가장 적절한 응답을 생성하는 기술입니다. 이를 통해 챗봇은 단순한 질문뿐만 아니라 복잡하고 다양한 질문에도 빠르고 정확하게 답변할 수 있게 되었습니다.

(4) 대형 온라인 쇼핑몰의 활용 사례

대형 온라인 쇼핑몰에는 하루에 수천, 수만 건의 다양한 문의가 접수됩니다. 담당자가 일일이 이런 문의들을 처리하는 것은 많은 비용과 시간이 소모됩니다. 그러나, 프롬프트 엔지니어링을 통해 학습된 ChatGPT 챗봇이 도입되고, 챗봇이 고객의 문의를 실시간으로 처리하면서 기업의 고객 서비스 비용과 시간이 크게 절약되었습니다. 또한, 24시간 연중무휴로 서비스를 제공하기 때문에 고객의 만족도도 크게 향상되었습니다.

2) 교육 분야

교육 분야는 사회의 변화에 발맞춰 그 모습을 끊임없이 바꾸어 왔습니다. 수천 년 전 동굴에 새겨진 그림에서 시작하여, 책, 컴퓨터, 그리고 지금은 AI까지, 현재 교육 무대는 디지털 환경에서 펼쳐지고 있습니다.

(1) 학습의 변화, 그리고 학생들의 궁금증

교육의 본질은 학습입니다. 학습이란 새로운 지식을 습득하거나 기존의 지식을 확장하는 과정을 의미합니다. 이러한 학습 과정 중에 학생들이 자연스럽게 가지는 많은 질문은 주로 구글 등의 검색엔진을 통해 바로 확인됩니다. 하지만, 모든 정보가 정확하지 않기 때문에 어떤 정보를 신뢰해야 할지 고민이 됩니다. 또한, 검색을 통해 나오는 수많은 검색 결과 중에서 자신이 원하는 답변을 선택하는 것도 쉽지 않습니다. 그리고, 검색 결과 중 일부는 학습에 도움이 되지 않는 잘못된 정보일 수도 있습니다.

(2) ChatGPT의 등장과 프롬프트 엔지니어링의 활용

프롬프트 엔지니어링을 통해 향상된 AI 모델은 교육 분야에서 큰 가능성을 보여줍니다. 학생들이 과제나 공부 중에 특정 개념에 대한 이해가 부족할 때, AI 도우미가 즉각적인 답변을 제공함으로써 학습의 연속성을 유지하는 데 도움이 됩니다. 물론, AI의 답변만을 무조건적으로 신뢰하기보다는 다양한 자료와 비교하며 본인만의 판단을 가져야 합니다. 그렇게 함으로써 학생들은 더 깊고 폭넓은 학습을 경험할 수 있게 됩니다.

(3) AI 교육 도우미의 활용 예

프롬프트 엔지니어링을 활용한 AI 교육 도우미는 다양한 형태로 활용됩니다. 예를 들면, 언어 학습을 위한 GPT는 학생이 문장 구성이나 단어 선택에 대해 질문하면 적절한 예시 문장이나 단어의 사용 방법을 제시해 줍니다. 또한, 과학 실험을 위한 가상 실험 도우미는 학생이 실험 과정이나 결과에 대해 궁금해할 때, 관련된 이론적 배경이나 실험 방법을 설명해줍니다. 이러한 AI 교육 도우미는 학생들의 학습 동기를 높이기 위해 사용될 수 있습니다. 전통적인 학습 방법에 비해 인터랙티브하고 재미있는 학습 경험을 제공함으로써, 학생들은 더욱 적극적으로 학습에 참여하게 됩니다.

3) 엔터테인먼트

엔터테인먼트 분야에서도 프롬프트 엔지니어링의 활용 사례가 다양합니다. 특히 게임 산업에서는 NPC(Non-Playable Character)의 대화 능력을 향상시키기 위해 이 기술을 활용하고 있습니다.

(1) 게임 속의 NPC와 프롬프트 엔지니어링

게임 플레이의 중요한 요소 중 하나는 바로 '몰입도'입니다. 게임의 세계에 플레이어가 깊게 빠져들수록, 그 경험은 더욱 풍부하고 진정한 즐거움으로 변하게 됩니다. 이러한 몰입도를 높이는 데에 큰 역할을 하는 것이 바로 NPC(Non-Playable Character)들입니다.

게임 내에서 플레이어가 조종하지 않는 캐릭터, 즉 NPC들은 게임 세계를 구성하는 중요한 요소로, 그들과의 교류를 통해 게임의 스토리를 전개하거나 다양한 임무를 부여받습니다. 대규모의 온라인 롤플레잉 게임에서는 수천, 수만의 NPC가 존재하며, 그들 각각이 가진 독특한 성격과 역할은 게임의 다양성과 풍부함을 나타냅니다.

(2) 전통적인 게임과의 차이

지금까지의 게임에서 NPC의 대화나 반응은 대부분 미리 프로그래밍되어 있었습니다. 다시 말해, NPC는 미리 정해진 스크립트에 따라 플레이어와 교류했습니다. 플레이어가 예상치 못한 행동이나 질문을 할 경우, NPC는 그에 따른 적절한 반응을 보이지 못하는 경우가 대다수였습니다.

하지만, 최근 프롬프트 엔지니어링 기술의 도입으로 이런 문제점들이 대부분 해결되고 있습니다. 이 기술을 통해 학습된 NPC는 플레이어의 다양한 질문이나 행동에 자연스럽게 반응할 수 있게 되었습니다. 즉, 게임 내에서 발생하는 무수히 많은 상황에 대해 사전 스크립팅을 준비하는 것이 아니라 실시간으로 대응하며, 플레이어에게 보다 실감 나고 자연스러운 대화 경험을 제공할 수 있게 된 것입니다.

(3) 게임 세계의 풍부함과 깊이

이러한 변화로 게임 세계의 깊이와 풍부함이 더욱 강조되었습니다. 플레이어는 예상치 못한 상황에서도 NPC와의 원활한 대화를 즐길 수 있게 되었으며, 다양하고 예측할 수 없는 NPC의 반응으로 게임의 몰입도를 더욱 높여주었습니다.

4) 콘텐츠 생성

디지털 시대의 콘텐츠는 단순한 정보 제공 이상의 의미를 가지며, 그 중요성은 계속해서 증가하고 있습니다. 특히 인터넷 사용자들의 주목을 끌기 위해서는 매력적이며 동시에 유익한 콘텐츠를 제공해야 합니다. 그리고 이러한 중요성을 인식한 기업들은 AI 기술의 발전을 통해 콘텐츠 생성 방식에 혁신을 도입하고 있습니다.

(1) 콘텐츠의 가치와 그 중요성

인터넷의 보급과 함께 사람들이 언제 어디서나 원하는 정보나 지식을 쉽게 접할 수 있게 되면서 정보의 홍수 시대가 초래되었고, 따라서 개별 사용자들에게 더욱 유의미하고 효과적인 콘텐츠를 제공하는 것이 중요해졌습니다. 여기에는 두 가지 주요한 요소가 있습니다.

- 매력적인 콘텐츠: 사용자의 관심을 끌 수 있는 감각적이고 창의적인 콘텐츠는 사용자의 장기간의 관심을 유도하게 합니다. 예를 들어, 풍부한 시각적 요소와 독창적인 스토리텔링은 독자나 시청자의 몰입을 증가시킵니다.
- 유익한 콘텐츠: 정보의 질적인 부분으로, 정확하고 신뢰

성 있는 정보 제공은 사용자의 충성도를 높이는 데 중요
한 역할을 합니다.

(2) AI와 콘텐츠 생성의 미래

AI의 발전은 콘텐츠 생성 분야에도 큰 변화를 가져왔습니다.
기존의 수작업 중심의 콘텐츠 제작 방식에서 벗어나, 기계 학습
및 자동화 기술을 통한 효율적인 콘텐츠 생성이 가능해졌습니다.

- 자동화된 기사 작성: 일부 뉴스 기관에서는 AI을 활용
  하여 자동으로 간단한 경제, 스포츠 뉴스를 작성합니다.
  이는 기사의 생산 속도를 향상시키며, 인력을 절약할 수
  있습니다.

- 개인화된 광고 및 마케팅 콘텐츠: AI는 사용자의 선호나
  행동 패턴을 분석하여 개인화된 광고나 마케팅 메시지를
  생성합니다. 이로 인해 광고의 목표 달성률과 효율성이
  크게 향상되었습니다.

- 멀티미디어 콘텐츠 생성: AI을 이용하여 음악, 영상, 그
  래픽 등 다양한 형태의 멀티미디어 콘텐츠를 생성할 수
  있습니다. 이를 통해 더욱 다양하고 창의적인 콘텐츠 제
  작이 가능해졌습니다.

(3) 도전과 전망

AI을 활용한 콘텐츠 생성에는 여전히 도전적인 부분들이 존재합니다. 예를 들어, 기계가 생성한 콘텐츠는 인간의 창의성이나 감성을 완벽하게 반영하기엔 부족합니다. 그럼에도 불구하고, AI 기술의 지속적인 발전으로 이러한 문제점들도 점차 해결될 것으로 예상됩니다.

프롬프트 엔지니어링의 발전과 그 활용 사례를 다양한 분야에서 살펴보았습니다. 교육에서 의료, 게임 산업에 이르기까지, 이 기술은 우리의 일상과 밀접한 관계를 맺고 있습니다.

프롬프트 엔지니어링의 미래는 '맞춤화'와 더욱 심층적인 '인간과의 상호작용'에 중점을 둘 것입니다. 개개인의 요구와 상황에 맞춰 적절한 정보와 서비스를 제공하며, 인간과의 대화에서도 더욱 깊고 복잡한 주제에 대응할 수 있을 것입니다. 프롬프트 엔지니어링의 성공 사례는 혁신적인 기술의 가능성을 보여줍니다. 이 기술은 계속해서 발전하며, 우리의 일상 속에서 더욱 중요한 역할을 할 것이라고 생각합니다.

PART 5

프롬프트 엔지니어의 미래

프롬프트 엔지니어링은 과연 얼마나 지속될까?

생성형 AI의 지속 가능한 사용을 위해 필요한 것은 문제를 파악하고 분석하여 정의하는 능력입니다. 프롬프트 엔지니어링은 대규모 언어 모델 LLM과 효율적으로 소통하기 위해 입력 텍스트를 최적화하는 작업을 포함합니다. 세계경제포럼은 이를 미래에 중요한 직업으로 보았고, OpenAI의 CEO 샘 알트먼은 이를 매우 수익성 있는 기술로 설명했습니다. 소셜 미디어에서는 '마법 같은 프롬프트'를 제시하는 인플루언서들이 눈길을 끌고 있지만, 몇몇 이유로 인해 프롬프트 엔지니어링의 중요성이 오래가지 않을 것이라는 의견도 있습니다.

그 이유를 살펴보겠습니다. 첫째, 미래의 AI 시스템은 자연어를 더 직관적으로 이해하게 되어, 세심하게 고안된 프롬프트의 필요성이 줄어들 것이라 예상합니다.

둘째, GPT-4와 같은 새로운 AI 언어 모델은 이미 프롬프트 제작에 대한 가능성을 보여주었으며, AI 또한 프롬프트 엔지니어링을 과거 기술로 만들고 있습니다. 최근에는 GPTs가 나오면서, 본인에게 맞는 맞춤형 GPT를 만들어서, 자동으로 유용한 프롬프트가 들어가는 기능까지 출시되었습니다.

마지막으로, 프롬프트의 효과는 특정 알고리즘에 따라 달라지므로, 다양한 AI 모델과 버전에서의 유용성이 제한적입니다.

생성형 AI의 잠재력을 계속 활용할 수 있는 더 지속적이고 적응력 있는 기술은 무엇일까요?

바로 문제 정의 능력이라고 생각합니다. 이는 문제를 식별하고, 분석하며, 정의하는 능력을 말하는데, 문제 정의와 프롬프트 엔지니어링은 문제를 바라보는 초점, 핵심 작업, 분석, 기본 능력 면에서 차이가 있습니다. 프롬프트 엔지니어링은 적절한 단어, 구문, 문장 구조, 구두점을 선택하여 최적의 텍스트 입력을 만드는 데 중점을 둡니다. 반면, 문제 정의는 문제의 초점, 범위, 경계를 정의하는 데 중점을 둡니다.

프롬프트 엔지니어링은 특정 AI 도구에 대한 확고한 이해와 언어적 능력이 필요한 반면, 문제 정의는 문제 영역에 대한 포괄적인 이해와 현실 세계의 문제를 추려내는 능력을 필요로 합니다.

사실, 문제가 잘 정의되지 않으면 가장 정교한 프롬프트도 부족할 수 있습니다. 문제가 명확하게 정의되면, 프롬프트의 언어적 미묘함은 해결책에 대한 부차적 요소로 바뀌게 됩니다. 불행히도, 문제 정의는 대부분 간과되어 개발되지 않은 기술입니다. 문제 해결을 중요시하는 문화가 문제 정의를 소홀히 하는 이유가 될 수도 있습니다. 이 불균형은 '문제를 가져오지 말고 해결책을 가져와라.'라는 널리 퍼진, 그러나 잘못된 경영 격언에 의해 가장 잘 설명됩니다. 최근 조사에서 C Level 임원의 85%가 본인이 속한 조직이 문제 진단을 못한다고 생각하는 것은 놀라운 일이 아닙니다.

문제 정의를 개선하는 방법은 무엇일까요? King's College London에 교수로 재직 중인 Oguz A. Acar는 문제 정의와 직무 설계에 관한 과거 연구, 그리고 정기적으로 진행하는 조직적 도전을 대중에게 공개하는 클라우드소싱 플랫폼에서의 경험과 연구에서 얻은 통찰력을 종합하였습니다. 그리고 효과적인 문제 정의를 위한 네 가지 주요 구성 요소를 식별했습니다. 문제 진단, 분해, 재구성, 제약 설계입니다.

문제 진단

문제 진단은 AI가 해결해야 할 핵심 문제를 식별하는 것과 관련됩니다. 즉, 생성형 AI가 달성하고자 하는 주요 목표를 식별하는 것으로, 일부 문제는 특정 주제에 대한 정보를 얻는 것과 같이 간단할 수 있습니다. 다른 문제들은 혁신 문제에 대한 해결책을 탐색하는 것과 같이 더 도전적일 수 있습니다.

이노센티브(InnoCentive, 현재 Wazoku Crowd)의 사례를 보면, 이 회사는 2,500개 이상의 고객의 문제의 본질이 무엇인지 정의하는 데 도움을 주었으며, 80% 이상의 놀라운 문제 해결률을 보였습니다. 이노센티브 직원들과의 인터뷰에서, 이 성공의 주요 요인은 문제의 근본 원인을 파악하는 그들의 능력에 있었다는 것이 밝혀졌습니다. 실제로, 그들은 종종 문제 정의 과정을 시작할 때 'Five Whys' 기법을 사용하여 근본 원인과 단순 증상을 구별했습니다.

예를 들어, 북극해 오일 문제의 경우에는 엑손 발데즈호 기름 유출 사고 후 북극해 수역을 정화하는 문제가 있었습니다. 이노센티브는 오일 스플릴 리커버리 연구소와 협력하여, 원유의 점도가 문제의 근본 원인임을 파악했습니다.

'얼어붙은 기름이 너무 두꺼워져 바지선에서 펌핑하기 어려웠다.'

이 진단은 건설 장비를 변형하여 기름을 액체 상태로 유지하는 솔루션을 사용함으로써 20년간 미해결 과제였던 문제를 마침내 해결할 수 있었습니다.

문제 분해

문제 분해는 복잡한 문제를 더 작고 관리 가능한 하위 문제로 나누는 것을 포함합니다. 이는 다면적인 문제를 다룰 때 특히 중요합니다. 이러한 문제들은 종종 유용한 해결책을 생성하기에 너무 복잡합니다.

이노센티브의 루게릭병(ALS) 과제를 예로 들어보겠습니다. ALS 치료법을 발견하는 광범위한 문제에 대한 해결책을 찾는 대신, 이들은 루게릭병의 하위 구성 요소에 집중했습니다.

'질병의 진행을 감지하고 모니터링하는 것.'

결과적으로, 근육 조직을 통한 전기 흐름을 측정하는 비침습적이고 비용 효율적인 솔루션을 기반으로 하는 ALS 바이오마커가 처음으로 개발되었습니다.

문제 재구성

문제 재구성은 문제를 바라보는 관점을 변경하여 대체적인 해석을 가능하게 하는 것입니다. 문제를 다양한 방식으로 재구성함으로써, AI를 유도하여 잠재적 해결책의 범위를 넓힐 수 있으며, 이를 통해 최적의 해결책을 찾고 창의적으로 장애물을 극복할 수 있게 됩니다.

GE 헬스케어의 혁신 건축가인 Doug Dietz의 주요 업무는 최첨단 MRI 스캐너를 디자인하는 것이었습니다. 병원 방문 중, 그는 두려워하며 MRI 스캔을 기다리는 아이를 보았고, 놀랍게도 어린이의 80%가 이 부정적인 경험에 대처하기 위해 진정제가 필요하다는 것을 발견했습니다. 이 발견은 그에게 문제를 재구성하게 했습니다. "어린이들이 위협적으로 느끼는 MRI 경험을 흥미진진한 모험으로 바꿀 수 있는 방법은 무엇일까요?" 이 새로운 관점은 GE 어드벤처 시리즈 개발로 이어졌고, 이로 인해 소아 진정제 사용률이 15%로 대폭 감소했으며, 환자 만족도는 90% 향상되었고, 기계 효율성도 개선되었습니다.

어떤 회사 직원들이 주차장이 없어 불평한다고 가정해봅시다. 일반적으로 주차장을 늘려야 한다고 생각할 수 있겠지만, 이를 직원들 관점에서 다시 바라보면 주차장을 찾는 게 너무 어려울 수도 있고, 출퇴근 방법이 제한적이기 때문일 수도 있습니다. 이렇듯 관점을 바꿈으로써 문제를 해결하기 위한 다른 방안들을 생각할 수도 있습니다.

문제 제약 설계

문제 제약 설계는 문제의 경계를 정의함으로써 해결책 탐색의 입력, 과정, 결과에 대한 제한을 설정하는 데 중점을 둡니다. 특정한 목적을 갖고 AI가 가치 있는 해결책을 생성하도록 유도하기 위해 제약을 사용할 수 있습니다.

생산성 중심의 과제에서는 문맥, 경계 및 결과 기준을 명확히 하는 구체적이고 엄격한 제약을 사용하는 것이 적합합니다. 반면, 창의성 중심의 과제에서는 제약을 적용, 수정, 제거하면서 더 넓은 해결방안을 탐색하고 새로운 관점을 발견할 수 있습니다.

예를 들어, 브랜드 관리자들은 소셜 미디어 콘텐츠를 대규모로 생성하는 데 이미 여러 AI 도구, 예를 들어 Lately나 Jasper를 사용하고 있습니다. 이 콘텐츠가 다양한 미디어와 브랜드 이미지에 부합하도록 하기 위해 그들은 종종 길이, 형식, 톤, 대상에 대한 명확한 제약을 설정합니다.

진정한 창의성을 추구할 때는 형식 제약을 없애거나 자유로운 형식으로 출력을 제한할 수 있습니다. 고펀드미(GoFundMe)의 'Help Changes Everything' 캠페인이 좋은 예입니다. 이 회사는 기부자들에게 감사를 표시하고 그들의 감정을 불러일으키면서 차별화된 창의적인 연말 콘텐츠를 생성하고자 하였고, 제약 조건 없이 자유롭게 콘텐츠를 생성하도록 설정했습니다. 시각적 요소는 AI가 생성한 길거리 벽화 스타일로 정의하고, 모든 모금 캠페인과 기부자들을 특징으로 정했습니다. DALL-E와 Stable Diffusion은 감정적 정서가 담긴 개별 이미지를 생성했습니다. 결과적으로, 시각적으로 일관되고 인상적인 콘텐츠로 널리 인정받았습니다.

문제 해결과 프롬프트 엔지니어링의 균형

프롬프트 엔지니어링은 단기적으로 주목받을 수 있지만, 지속 가능성, 다양성, 전송 가능성의 한계로 인해 장기적인 관련성이 제한될 수 있습니다. 완벽한 단어 조합을 만드는 데 지나치게 중점을 두면 문제 탐색 자체에서 멀어질 수 있으며, 창의적 과정에 대한 통제력이 약화될 수도 있습니다. 대신, 문제를 형식화하는 일에 집중하는 것이 AI 시스템과 함께 불확실한 미래를 탐색하는 데 있어 중요할 수 있습니다.

생성형 AI는 문제 해결, 콘텐츠 창조, 글 재구성, 코드 생성 등 다양한 작업을 수행할 수 있는 강력한 도구입니다. 이러한 작업을 시작하기 전에 문제를 명확하게 이해하고 그에 맞는 프롬프트를 작성해야 합니다. 그러나 '어떻게 문제에 접근해야 할지 모르겠다'라고 고민하는 경우도 분명 있을 것입니다. 이럴 때는 문제를 간단히 서술한 후 GPT와 같은 AI에게 맡겨서 새로운 통찰력을 얻는 방법도 고려할 수 있습니다.

문제 해결 능력은 AI와의 효과적인 협업을 위한 필수 요소임이 분명합니다. 그러나 그와 동시에, 프롬프트 엔지니어링의 중요성도 고려해야 합니다. 프롬프트 엔지니어링은 AI가 원하는 결과를 생성하도록 유도하는 역할을 합니다. 올바른 프롬프트는 AI의 성능을 최적화하고, 더욱 정확하고 창의적인 해결책을 도출하도록 합니다. 따라서, 문제 해결 기술과 프롬프트 엔지니어링 모두를 함께 발전시키는 것이 AI 시스템을 효과적으로 활용하는 데 중요한 전략이 될 것입니다. 이 두 기술의 조화는 AI 기술의 발전과 함께 우리의 업무 및 일상생활에 혁신적인 변화를 가져올 잠재력을 지니고 있습니다.

계속되는 교육의 중요성

이 분야는 지속적인 변화와 혁신이 일어나는 곳입니다. 따라서 지속적인 학습과 교육은 필수적입니다. 신기술의 도입, 새로운 연구 방향, 산업의 변화에 따른 새로운 요구사항 등을 지속적으로 파악하고 습득하는 것이 중요합니다. 이를 위해서는 세미나, 워크샵, 국제 학회 참여 등 다양한 방법으로 자기 계발을 위한 노력을 기울여야 합니다.

AI와 관련된 기술들은 매년이 아닌, 매일 새로운 발견과 진보가 이루어지고 있습니다. 무엇보다도 머신러닝, 딥러닝, 신경망과 같은 핵심 기술들이 계속해서 발전하면서 새로운 방법론이나 알고리즘이 등장하곤 합니다. 이렇게 빠르게 변화하는 시장에서 전문가로서 경쟁력을 유지하려면 지속적인 학습이 반드시 필요합니다.

무한대의 발전 가능성

프롬프트 엔지니어링은 AI 기술을 기반으로 사용자와의 상호작용을 최적화하는 데 중점을 두고 있습니다. 이 분야는 사용자의 언어와 행동을 분석하여 더욱 정확한 사용자 맞춤 반응을 생성할 수 있으며, 이러한 특성으로 다양한 산업 분야에서 광범위하게 적용될 수 있습니다. 더 나아가, 새로운 알고리즘의 개발, 데이터 처리 기술의 발전, 사용자 경험 디자인의 혁신 등이 이 분야의 성장을 가속화하고 있습니다.

기술의 발전은 끝이 없습니다. 그리고 그 발전의 중심에는 항상 '도전'과 '혁신'이 있습니다. 프롬프트 엔지니어링 분야에서도 기존의 방식에 안주하지 않고, 새로운 방법론과 기술을 탐구하면서 끊임없이 발전해나갈 필요가 있습니다.

■ 새로운 기술의 도입

머신러닝, 딥러닝, 신경망 기술 등 현재의 기술들도 있지만, 앞으로 등장할 새로운 기술들에도 주목할 필요가 있습니다. 예를 들어, 양자 컴퓨팅, 강화 학습, 트랜스포머 모델 등은 더욱 정교하고 효율적인 시스템 구축을 가능하게 할 것입니다. 이러한 기술들은 기존에는 해결하기 어려웠던 문제들에 대한 해답을 제공하거나, 기존 방식보다 더 빠르고 정확한 처리를 지원할 수 있습니다. 새로운 기술의 도입은 프롬프트 엔지니어링 분야에서 기존의 방식을 재고하고 새로운 접근 방식을 모색하게 합니다. 이는 더욱 진보된 알고리즘 개발, 데이터 처리 방식의 혁신, 사용자 경험의 개선 등 다양한 형태로 나타날 수 있습니다. 또한, 이러한 기술적 발전은 새로운 서비스와 제품의 개발로 이어질 수 있으며, 시장과 사회에 새로운 변화를 가져올 수 있습니다.

■ 혁신적인 아이디어의 추구

기술만큼 중요한 것은 그 기술을 어떻게 활용하는지에 대한 아이디어입니다. 프롬프트 엔지니어링에서 기술적 지식은 필수적이지만, 그것을 창의적으로 활용하여 더 나은 서비스와 제품을 만들어내는 것이 더 중요합니다. 이는 기술을 단순히 기능 관점에서만 사용하는 것이 아니라, 사용자의 요구와 시장의 변화를 고려하여 새로운 방식으로 접근하는 것을 의미합니다.

기술적 지식과 더불어 창의적인 사고를 겸비해야 합니다. 이는 기존의 틀을 벗어나 새로운 문제 해결 방식을 모색하고, 사용자에게 새로운 경험을 제공하는 데 필요합니다. 창의적인 아이디어는 기술의 가능성을 최대한 활용하고, 사용자에게 더욱 가치 있는 서비스를 제공하는 데 핵심적인 역할을 합니다.

■ 기술의 올바른 활용

기술 발전은 많은 혜택을 가져다주지만, 동시에 잠재적인 위험도 내포하고 있습니다. 이러한 이중성은 프롬프트 엔지니어링 분야도 마찬가지입니다. 올바르게 활용될 경우, 프롬프트 엔지니어링은 효율성 증대, 사용자 경험 개선, 새로운 기회 창출 등에 기여할 수 있으나, 잘못된 방식으로 활용되면 사회적, 윤리적 문제를 야기할 수 있고, 이는 기술에 대한 불신과 거부감을 초래하게 될 수 있습니다. 프롬프트 엔지니어링 분야에서 기술을 올바르게 활용하기 위해서는 윤리적 고려가 필수적입니다. 여기에는 개인정보 보호, 데이터의 안전한 사용, 편향과 오류로부터의 보호 등이 포함됩니다. 프롬프트 엔지니어는 기술을 개발하고 적용하는 과정에서 이러한 윤리적 측면을 충분히 고려해야 하며, 이를 위한 지침과 규정의 개발과 적용이 중요합니다.

■ 사회적 가치의 추구

기술의 발전은 단순히 기술적 성과를 넘어 사회적 가치의 창출을 목표로 해야 합니다. 프롬프트 엔지니어링은 기술을 통해 사회에 긍정적인 변화를 가져올 수 있는 큰 잠재력을 가지고 있으며, 이를 통해 사회적 문제 해결, 교육의 질 향상, 공정한 기회의 제공 등에 기여할 수 있습니다. 기술의 혜택은 사회 전반에 고르게 분배되어야 합니다. 이는 모든 사용자가 기술에 접근할 수 있는 기회를 가질 수 있도록 하는 것을 의미합니다. 프롬프트 엔지니어링 기술은 다양한 배경을 가진 사용자들에게도 동등한 혜택을 제공할 수 있도록 설계되어야 합니다.

기술의 올바른 활용과 사회적 가치의 추구는 프롬프트

엔지니어링 분야에서 매우 중요합니다. 이는 단순히 기술적 발전을 넘어, 사회에 긍정적인 영향을 미치고 공정하고 지속 가능한 미래를 구축하는 것을 목표로 합니다. 프롬프트 엔지니어는 기술 개발과 적용 과정에서 윤리적, 사회적 책임을 지니며, 이를 통해 사회 전반에 긍정적인 변화를 가져오는 데 기여할 수 있습니다.

끝없는 도전의 길

세상은 끊임없이 변화하고, 이 변화는 AI 분야에서 더욱 빠른 속도로 진행되고 있습니다. 이 중에서도 프롬프트 엔지니어링은 그 중심에 서 있는 분야로, 이 분야에서의 커리어는 마치 끝없이 펼쳐진 탐험의 길과 같습니다.

기술의 발전은 예측할 수 없는 도전과 문제를 함께 가져옵니다. 그러나 도전 속에서 새로운 기술의 발견이 이루어지며, 이렇게 발견된 기술들은 종종 혁신적인 해결책으로 나타납니다. 프롬프트 엔지니어링 분야의 전문가들은 이런 해결책을 통해 새로운 가치를 창출하게 됩니다. 이렇게 얻어진 기술적 해결책은 기업의 경쟁력 증대, 사회적 문제의 해결, 그리고 우리 일상의 품질 향상에 크게 기여하게 됩니다.

이 끝없는 도전의 길에서 중요한 것은 어떤 도전이나 변화에도 늘 새로운 것을 배우려는 자세를 유지하는 것입니다. 이 분야에서 활동하는 전문가들이 가지고 있는 호기심과 탐구 정신은 끊임없는 발전의 원동력이 됩니다. 그리고 이러한 자세는 단순히 기술적인 발전만을 위한 것이 아닙니다. 사회와 인류에게 가치가 제공되는 방향으로 기술의 발전이 이루어져야 합니다.

마치며…

AI, 특히 프롬프트 엔지니어링 분야는 그 발전 속도가 빠른 것만큼 그 중요성도 날로 커지고 있습니다. 우리는 이 글에서 그 기본적인 개념부터 심화 내용, 그리고 실제 활용 사례까지 다양한 측면을 함께 살펴보았습니다.

우선, 프롬프트 엔지니어링이란 AI 모델이 원하는 작업을 수행하도록 명령하여 가장 효과적인 응답을 추출하는 기술입니다. 프롬프트 엔지니어링은 모델이 더욱 효과적이고 정확하게 작동하게 만드는 역할을 하며, 모델을 효율적으로 동작하게 함으로써 다양한 분야에서의 활용이 가능해질 거라 생각합니다. 전문성과 프롬프트 엔지니어링, 문제 분석 능력들이 더해지며 기업의 서비스 향상, 연구 발전, 그리고 실제 사회 문제 해결에 크게 기여될 거라 예상합니다. 모든 기술이 그렇듯이 프롬프트 엔지니어링 또한 도전 과제와 한계를 가지고 있습니다. 이를 극복하기 위해서는 연구자와 개발자들의 지속적인 노력이 필요하며, 그 과정에서 새로운 아이디어나 방법론이 탄생하기도 합니다.

프롬프트 엔지니어링이라는 직업은 1년 전까지만 해도 존재하지 않았습니다. AI가 사람들의 직업을 대체하는 것이 아닌, AI를 사용하는 사람들이 AI를 사용하지 않는 사람들을 대체한다고 생각합니다. 그중에서도, AI의 활용에 격차가 존재할 거라 보입니다.

시간이 지나면 프롬프팅 기술도 AI에 대해 대체될 수 있다고 들 하지만, 모든 사람들이 필요한 게 다를 텐데, 간단한 명령으로 AI가 사용자의 마음을 읽어서 모든 것을 해주는 시대가 올까요? 저는 아직 모르겠습니다. 이 때문에, 프롬프팅으로 정보를 얼마나 잘 뽑아내는지, AI에게 질의응답을 하여 나오는 결과물들은 얼마나 디테일한지, 얼마나 정확한지에 따라 차이가 존재할 것입니다.

그 외에도, GPT를 이용하는 기업 맞춤 서비스들은 프롬프팅이 반드시 필요할 것이며, 사용자와 AI 사이의 소통이 원활해질수록 AI의 활용도와 효율성은 향상될 것입니다.

AI의 세계는 매우 광대하며, 그 안에는 무한한 가능성과 도전이 함께 존재합니다. 이러한 기술의 발전을 위해서는 연구와 개발, 그리고 실제 응용 분야와의 지속적인 소통이 필요합니다.

이 분야에서 활동하는 모든 연구자와 개발자, 그리고 이를 지원하는 모든 분들에게 감사의 말씀을 전하며, 그들의 지속적인 노력과 헌신에 대한 존경의 마음을 표합니다. 프롬프트 엔지니어링의 미래를 위해 함께 노력하며, 더 나은 미래를 향해 나아가기를 기대합니다.

참고 자료

01) Prompt Engineering Guide

02) Chain-of-Thought Prompting Elicits Reasoning in Large Language Models by Jason Wei, Xuezhi Wang, Dale Schuurmans, Maarten Bosma, Brian Ichter, Fei Xia, Ed Chi, Quoc Le, Denny Zhou (2022. Jan)

03) Large Language Models are Zero-Shot Reasoners by Takeshi Kojima, Shixiang Shane Gu, Machel Reid, Yutaka Matsuo, Yusuke Iwasawa (2022. May)

04) Tree of Thoughts: Deliberate Problem Solving with Large Language Models by Shunyu Yao, Dian Yu, Jeffrey Zhao, Izhak Shafran, Thomas L. Griffiths, Yuan Cao, Karthik Narasimhan (2023. May)

05) What I Learned Pushing Prompt Engineering to the Limit by Jacob Marks

06) AI Prompt Engineering Isn't the Future by Oguz a. acar

07) CRISPE — ChatGPT Prompt Engineering Framework by Denys Dinkevych

08) Naive Bayers Algorithm by KDAG IIT KGP (2021. Sept)

09) Wikipedia — Decision tree, Support Vector Machine

10) Recurrent Neural Network: Applications and Advancements by Harshini Bhat (2023. Aug)

11) A Guide to Convolutional Neural Networks — the ELI5 way (Sumit Saha)

12) What Are Transformer Models and How Do They Work? by Luis Serrano (2023. Apr)

13) Carnegie Mellon University — Word Embedding Demo: Tutorial

14) Part Of Speech Tagging – POS Tagging in NLP from byteiota (2021. Jan)

15) 9 Frameworks to master ChatGPT Prompt Engineering by Edi Hezri Hairi (2023. Aug)

16) Motivation and solution appropriateness in crowd sourcing challenges for innovation (2019. Oct)

17) Prompt Engineering Techniques (https://www.promptingguide. ai/)